rowohlts monographien

HERAUSGEGEBEN

VON

KURT KUSENBERG

BRÜDER GRIMM

IN
SELBSTZEUGNISSEN
UND
BILDDOKUMENTEN

DARGESTELLT
VON
HERMANN GERSTNER

ROWOHLT

Dieser Band wurde eigens für «rowohlts monographien» geschrieben
Den Anhang besorgte der Autor
Herausgeber: Kurt Kusenberg · Redaktion: Beate Möhring
Schlußredaktion: K. A. Eberle
Umschlagentwurf: Werner Rebhuhn
Vorderseite: Jacob und Wilhelm Grimm. Lithographie nach einer
Daguerreotypie von Franz Hanfstaengl (Verlag Franz Hanfstaengl,
München)
Rückseite: Titelblatt der 2. Auflage des Märchenbandes, 1810
(Murhardsche Bibliothek der Stadt Kassel und Landesbibliothek)

Veröffentlicht im Rowohlt Taschenbuch Verlag GmbH,
Reinbek bei Hamburg, Juli 1973
© Rowohlt Taschenbuch Verlag GmbH, Reinbek bei Hamburg, 1973
Alle Rechte an dieser Ausgabe vorbehalten
Satz Aldus (Linofilm-Super-Quick)
Gesamtherstellung Clausen & Bosse, Leck/Schleswig
Printed in Germany
ISBN 3 499 50201 1

INHALT

STATIONEN DER JUGEND   7
Hanau, Steinau, Kassel, Marburg: 1785–1805

WIRREN DER NAPOLEONISCHEN JAHRE   14
Kassel, Paris, Wien, Kassel: 1805–1815

DIE ERSTEN WISSENSCHAFTLICHEN FRÜCHTE   27

POETISCHER GLANZ DER MÄRCHEN   38

FÜLLE DER SAGEN   46

BRÜDERLICH IN KASSEL VEREINT   53
1816–1829

ERTRAG DER KASSELER JAHRE   62

GÖTTINGER PROFESSOREN   69
1830–1837

DIE GÖTTINGER SIEBEN   82

DIE GEBURTSSTUNDE DES WÖRTERBUCHES   87
Kassel 1838–1840

IM NEUEN WIRKUNGSKREIS   93
Berlin 1841–1847

MIT KUTSCHE, SCHIFF UND EISENBAHN   103

ERSCHÜTTERUNGEN DER JAHRHUNDERTMITTE   108

FORSCHER UND GELEHRTE   114
Berlin 1849–1859

DIE WALTENDE SPUR   124

ANMERKUNGEN   131

ZEITTAFEL   136

ZEUGNISSE   138

BIBLIOGRAPHIE   141

NAMENREGISTER   150

ÜBER DEN AUTOR   154

QUELLENNACHWEIS DER ABBILDUNGEN   154

Wilhelm und Jacob Grimm. Gemälde von Elisabeth Jerichau, 1855

STATIONEN DER JUGEND

HANAU, STEINAU, KASSEL, MARBURG: 1785–1805

Die Familie Grimm war im hessischen Raum beheimatet. Hier waren der Urgroßvater und der Großvater der «Brüder Grimm» als Geistliche der reformierten Kirche tätig, hier wirkte der 1751 geborene Vater Philipp Wilhelm Grimm als Jurist. Aus einer Juristenfamilie holte sich Philipp Wilhelm auch seine Braut Dorothea Zimmer. Als Advokat und dann als fürstlicher Stadt- und Landschreiber in Hanau konnte er es sich zutrauen, bei einfacher Lebensführung eine Familie zu gründen.

Nachdem das erste Kind schon nach wenigen Monaten gestorben war, kam Jacob Grimm am 4. Januar 1785 in Hanau zur Welt. Ein Jahr darauf, am 24. Februar 1786, wurde Wilhelm Grimm geboren. Die beiden, die man später schlechthin als die Brüder Grimm bezeichnete, fanden sich mit den Jahren bald in einem größeren Geschwisterkreis. In der bubenreichen Familie verteilte man die Namen Karl, Ferdinand und Ludwig Emil auf drei weitere Brüder, und schließlich kam noch das Mädchen Lotte hinzu.

An das Geburtshaus am alten Paradeplatz in Hanau erinnerten sich später Jacob und Wilhelm nicht mehr, weil die Eltern schon bald nach der Geburt der beiden Söhne eine andere Wohnung in der Langen Gasse neben dem Rathaus bezogen hatten. An dieses zweite Heim dachte Jacob, als er rückblickend schrieb: *Die Kinderstube war hinten und ging in den von einer nahen Mauer beschränkten Hof, über die Mauer ragten Obstbäume aus dem benachbarten Garten, wahrscheinlich dem Rathausgarten. Im Rathaushof spielten wir oft ... Ich wurde oft über den Paradeplatz in die Altstadt zum Großvater getragen und geführt, mußte ... etwa 1790 in eine Schule laufen, die auf der entgegengesetzten Seite hinter dem Neustädter Markt am Platz der französischen Kirche lag.*[1]*

Wilhelm bewahrte noch andere Einzelheiten im Gedächtnis: *So weiß ich noch, daß die Tapeten in unserm Haus in Hanau in der Stube unten rechter Hand mit braunen und grünen schießenden Jägern verziert waren, daß unter dem Ofen oben Porzellantafeln mit Hirschen waren. Auch erinnere ich mich, wie ich Mittag bei der Mutter in der Stube gesessen, die Fenster auf waren und alles still, daß man bloß das Zischen von den Strumpfwirkerstühlen hörte.*[2]

Wenn die Brüder in der kleinen Stadt ihre Schulwege machten, wenn sie ihrem Großvater, dem Kanzleirat Zimmer, ihre ersten Lesekünste vorführten oder wenn sie mit der Schwester des Vaters, der Witwe Schlemmer, an der Einmaleinstafel übten, dann war dies noch ein Idyll. Die Kleinen ahnten nichts von den Schrecken dieser Jahre. Im revolutionären Paris, nur wenige hundert Kilometer von Hanau entfernt, fielen damals Tausende von Köpfen unter der Guillotine. Nur einmal ahnten die kleinen Burschen, wie gefährlich man lebte.

Wilhelm berichtete: *Im Jahr 1790 hatte der Landgraf von Hessen zum Schutz der Kaiserwahl bei der Frankfurt nahe liegenden Stadt Bergen ein beträchtliches Korps zusammengezogen; um die große Revue an einem*

---

* Die hochgestellten Ziffern verweisen auf die Anmerkungen S. 131 f.

Die Mutter: Dorothea Grimm, geb. Zimmer. Gemälde von Georg Karl Urlaub

Der Vater: Philipp Wilhelm Grimm. Gemälde von Georg Karl Urlaub

festlichen Tage mit anzusehen, waren die Eltern in das Lager hinausgefahren, und ich besinne mich deutlich, wie ich, zum Kutschenfenster herausschauend, die Regimenter mit den im Sonnenscheine blitzenden Gewehren vorübermarschieren sah und der Donner der Kanonen jedesmal den Wagen erschütterte.[3]

Bald danach gab es wichtige Ereignisse für die Familie Grimm. Der Vater wurde 1791 zum Amtmann in seinem Geburtsort Steinau, am Oberlauf der Kinzig gelegen, ernannt. Hier, in dem aus festen Steinen gefügten Amtshaus bei der Katharinenkirche, wo der Großvater als Geistlicher Jahrzehnte lang gepredigt hatte, schien man vor den Unbilden der Zeit gesichert zu sein.

In dieser wiesenreichen, mit schönen Bergen umkränzten Gegend stehen die lebhaftesten Erinnerungen meiner Kindheit[4], schrieb Jacob, und Wilhelm ergänzte: *Die Gegend von Steinau hat etwas Angenehmes. Oft sind wir zusammen in den Wiesentälern und auf den Anhöhen umhergegangen; der Sinn für die Natur mag uns, wie vielen, angeboren sein, aber er ist doch auch auf diese Art genährt und begünstigt worden.*[5]

Aber auch das Städtchen selbst hatte für die heranwachsenden Jungen viele Reize: Fachwerkhäuser, Handwerkerstuben, Gasthöfe, den verwunschenen Stadtborn und vor allem das Schloß. Aus ihm erhob sich – so Wilhelm – *der wohlbekannte viereckige Schloßturm, von welchem sonntags, wenn wir nach der Kirche mit der Mutter in feierlicher Stille an dem*

Schloßgarten hergingen, die Posaunen einen Choral ertönen ließen.[6]

Festgefügt wie das Schloß war der ganze Lebenskreis der Familie. Die Kinder sahen den Vater am Werk, wie er richterliche und verwaltungsmäßige Aufgaben wahrnahm; Jacob: *Er war ein höchst arbeitsamer, ordentlicher, liebevoller Mann; seine Stube, sein Schreibtisch und vor allem seine Schränke mit ihren sauber gehaltnen Büchern, bis auf die rot und grünen Titel vieler einzelnen darunter, sind mir leibhaft vor Augen.*[7]

Im Zeitalter der aufkommenden Koalitionskriege, in die Frankreich mit den östlichen Nachbarn während der neunziger Jahre jenes Jahrhunderts verwickelt wurde, war es gar nicht leicht, die Geschäfte immer besonnen zu führen. Steinau, an der west-östlichen Heeresstraße gelegen, sah oft genug in seiner Nähe gegnerische Soldaten. Das Treiben der Soldateska brachte dann auch den Kindern bei, daß es mit den friedlichen Zeiten vorbei war. Aber solange der Vater lebte, brauchte man keine Angst zu haben.

Zwar mußte man viel lernen; denn man stand unter der strengen Fuchtel des Stadtpräzeptors Zinckhan. Aber dann konnte man doch in den «Biengarten» vor die Tore hinauslaufen, und wenn man heimkam, war man wieder von der elterlichen Sorge behütet. Wilhelm schilderte den wachsenden Familienkreis: *Ich weiß noch die Zeit genau, wie der Vater sprach: Die Kinder werden immer größer, wir müssen eine neue Schüssel machen lassen, wo mehr hineingeht; da ward hernach eine neue blinkende*

Das Geburtshaus der Brüder Grimm in Hanau. Zeichnung eines unbekannten Künstlers

Das Amtshaus in Hanau. Getuschte Federzeichnung von Ludwig Emil Grimm

Zinnschüssel angeschafft und ich freute mich, was da für grüne Erbsen hineingehen würden, da waren unser neun am Tisch.[8]

Plötzlich aber schlug das Schicksal zu. Um die Jahreswende 1795 auf 1796 bekam der Vater eine Lungenentzündung. Voll Angst schrieb der elfjährige Jacob an seinen Großvater Zimmer nach Hanau: *Die Entkräftung meines lieben Vaters ist . . . sehr groß, das auch nicht zu wundern ist, da ihm in wenigen Tagen fünfmal zur Ader gelassen und drei große Blasen auf der Brust gezogen worden sind. Die heftigste Schmerzen vom Stich, die so bei jedem Atemzug empfunden, und da er in acht Tagen nichts als Medizin und dienliche Tränke zu sich genommen, haben ihm vollends seine Kräfte erschöpft, auch der Jammer über uns hat ihm sein Leiden vermehrt.*[9]

Vergeblich hoffte Jacob mit der Mutter und den Geschwistern auf eine Besserung. Am 10. Januar 1796 starb Philipp Wilhelm Grimm; nur 45 Jahre alt war er geworden. Unversorgt blieb seine vierzigjährige Frau Dorothea mit fünf Jungen und einem Mädchen zurück.

Im gleichen Jahr kehrte der Tod noch einmal bei der Familie ein. Diesmal holte er sich die Schwester des Vaters, die Witwe Schlemmer, die in den letzten Jahren in der Steinauer Hausgemeinschaft gelebt hatte.

Es war für die Mutter bedrückend, als sie das Amtshaus mit ihren Kindern räumen und ein anderes Haus in Steinau beziehen mußte. Bald ergab sich auch die Frage, was in Zukunft mit ihren beiden Ältesten Jacob und Wilhelm geschehen sollte. War es nicht am besten, wenn sie später wie ihr

Vater die juristische Laufbahn einschlugen? Aber hier in Steinau bei dem Pauker Zinckhan konnten sie nichts mehr lernen. Man mußte sie auf eine bessere Schule schicken; das aber kostete Geld. Bei ihrem geringen Vermögen konnte Mutter Grimm es allein nicht schaffen; sie besprach sich mit ihrer Schwester Henriette Zimmer, der es als Kammerfrau am landgräflichen Hof in Kassel besser ging. Und die Tante, die *von der reinsten, aufopfernden Liebe*[10] zu ihren Neffen erfüllt war, ließ den dreizehnjährigen Jacob und den zwölfjährigen Wilhelm im Herbst 1798 nach Kassel kommen, um dort für die beiden zu sorgen und sie aufs Lyzeum zu schicken.

Die Kammerfrau der Landgräfin hatte freilich keinen eigenen Haushalt; deshalb mußte sie die Jungen bei fremden Leuten unterbringen. In einem kleinen Stübchen bereiteten sich die Brüder gemeinsam auf die Schulstunden im Lyzeum vor.

Ich konnte erst in Unterquarta gesetzt werden, schreibt Jacob, *so sehr war ich noch zurück, aber nicht durch meine Schuld, sondern durch bloßen Mangel an Unterricht; denn ich hatte von Jugend auf eine ungeduldige, anhaltende Lernbegierde. Jetzt rückte ich schnell durch alle Klassen hinauf und war wohl fast immer ein Primus.*[11]

Schwerer tat sich Wilhelm: *Ich war eifrig im Lernen, wie es auch sehr nötig war, aber der Übergang zu dieser sitzenden Lebensweise, denn der ganze Tag war mit Lehrstunden besetzt, wirkte nachteilig auf meine bisher so feste Gesundheit. Nach einem . . . Anfall des Scharlachfiebers fing ich an, über beschwerten Atem zu klagen, wozu sich bald Schmerzen in der Brust gesellten . . . Die Lehrstunden hatten dabei ihren Fortgang, und der*

Steinau. Zeichnung aus dem Nachlaß von L. E. Grimm

Präzeptor Zinckhan. Zeichnung von L. E. Grimm

Weg nach dem Lyzeum ward mir oft sehr sauer, wenn mir der kalte Wind ... entgegenblies.[12]

Die Brüder, die in vier Jahren zwischen 1798 und 1802 das Pensum des Lyzeums zu bewältigen hatten und neben dem normalen Unterricht noch von einem Pagenhofmeister namens Dietmar Stöhr instruiert wurden, kamen auf zehn bis elf Lernstunden am Tag. Nur in den Ferien hatten sie es in Steinau bei der Mutter etwas leichter.

Als Jacob 1802 auf die Universität Marburg kam, wußte er, daß er bei der Vermögenslage der Mutter so schnell wie möglich dort die Semester zu durchlaufen hatte. Er studierte Jura, weil der *Vater ein Jurist gewesen war und es die Mutter so am liebsten hatte* [13]. Wilhelm durfte erst ein Jahr später nach Marburg, er war *einem so heftigen Anfall von Asthma ausgesetzt, daß nur durch sehr starke Mittel die ganz nahe Gefahr abgewendet wurde* [14]. So begannen also die beiden im Alter von siebzehn Jahren ihr Studium.

Sie hörten die üblichen juristischen Vorlesungen, schrieben die Worte der Professoren nach und gönnten sich nur manchmal einen Spaziergang vor die Mauern der Stadt. *Die Lage Marburgs und umliegende Gegend ist gewiß sehr schön*, rühmte Jacob in einem Brief an den Schulfreund Paul Wigand, *besonders, wenn man in der Nähe des Schlosses steht und da herunter sieht.* [15]

Doch sonst hatte Jacob manches auszusetzen: *Zu Marburg mußte ich eingeschränkt leben; es war uns, aller Verheißungen ungeachtet, nie gelungen, die geringste Unterstützung zu erlangen, obgleich die Mutter Witwe eines Amtmanns war und fünf Söhne für den Staat großzog. Die fettesten Stipendien wurden daneben an meinen Schulkameraden von der Malsburg ausgeteilt, der zu dem vornehmen hessischen Adel gehörte und einmal der reichste Gutsbesitzer des Landes werden sollte.* [16]

Aber die Brüder dachten über ihre finanzielle Misere nicht weiter nach, zudem sie in Friedrich Karl von Savigny einen vorbildlichen Lehrer fanden. *Dieses lehrenden Mannes freundliche Zurede, handbietende Hilfe, feinen Anstand, heiteren Scherz, freie ungehinderte Persönlichkeit kann ich nie vergessen*, schrieb Jacob noch nach Jahren, *wie stand er vor uns auf dem Katheder, wie hingen wir an seinen Worten!* [17]

Savigny war großzügig, er erlaubte seinen Studenten auch die Benutzung seiner Privatbibliothek, in der nicht nur juristische Bücher zu finden waren. Hier hatten die Brüder Grimm, die aus den Werken Goethes und Schillers mit der Klassik vertraut waren, ihr entscheidendes erstes Erlebnis mit dem Geist der Romantik. Jacob war schon von Ludwig Tieck, der 1803 die «Minnelieder aus dem Schwäbischen Zeitalter» neu herausgegeben hatte, über die deutsche Literatur des Mittelalters unterrichtet worden. Nun entdeckte er in der Bibliothek Savignys auch die «Sammlung von Minnesängern», die Johann Jakob Bodmer 1758/59 veranstaltet hatte. Diese Ausgabe *mit Gedichten in seltsamem, halb unverständlichem Deutsch*, gestand der junge Jacob Grimm, *das erfüllte mich mit eigner Ahnung . . . Solche Anblicke hielten die größte Lust in mir wach, unsere alten Dichter genau zu lesen und verstehn zu lernen.* [18]

So hatten die Brüder Grimm ihrem Lehrer Savigny, der nur ein paar Jahre älter war als sie, nicht nur wissenschaftliche Methode, sondern auch den Zugang zur Romantik zu danken. *Groß war er gewachsen, damals noch schlank, trug grauen Oberrock, braune blaustreifige Seidenweste, sein dunkles Haar hing ihm schlicht herunter.* [19] Und da dieser stattliche, angesehene Dozent damals mit Kunigunde Brentano, einer Schwester des Dichters Clemens Brentano, verlobt war, kamen auch die Brüder Grimm bald in persönliche Beziehungen zu Clemens, zu dessen anderer Schwester Bettina und zu gleichgesinnten Freunden.

*Henriette Zimmer.
Zeichnung von L. E.
Grimm*

WIRREN DER NAPOLEONISCHEN JAHRE

KASSEL, PARIS, WIEN, KASSEL: 1805—1815

Schon in den Marburger Studentenjahren der Brüder Grimm war die politische Landschaft Europas völlig anders geworden. Während der Kriege, die Frankreich gegen die Koalitionsmächte zu führen hatte, stieg der Stern Napoleons empor. Im Reichsdeputations-Hauptschluß zu Regensburg änderte sich die deutsche Landkarte, die Grundlagen des früheren Reiches wurden zerstört. Der zentrale Punkt Europas war Paris, wo Napoleon 1804 als Kaiser der Franzosen sich selbst und seine Gemahlin Joséphine de Beauharnais in der Kirche Notre-Dame krönte.

Im gleichen Jahr war Savigny nach Paris gereist, um in den Bibliotheken Unterlagen für eine geplante Geschichte des römischen Rechts aufzuspüren. Von dort aus erhielt Jacob im Januar 1805 ein überraschendes Schreiben. Er berichtet: *Savigny schlug mir vor, ungesäumt nach Paris zu kommen, um ihm dort bei seinen literarischen Arbeiten zu helfen. Wiewohl ich in meinem letzten halben Jahr studierte und gedachte, auf Ostern oder im Sommer abzugehen, so war doch die Aussicht einer näheren Verbindung* mit Savigny selbst und die Reise nach Frankreich reizend genug, daß ich mich gleich entschied und nichts Eilenderes zu tun hatte, als Briefe an Mutter und Tante abzusenden, die mir ihre Einwilligung erbitten sollten. Wenig Wochen darauf saß ich schon im Postwagen und traf über Mainz, Metz und Châlons anfangs Februar glücklich zu Paris ein.[20]

Jacob war ein aufmerksamer Besucher der Metropole an der Seine. Die historischen Bauten der Altstadt interessierten ihn, das bunte Völkergemisch registrierte er mit Staunen, in den Gemäldegalerien bewunderte er die Bilder der großen Meister, in den Theatern sah er die Tragödien von Corneille und Racine; sein gutes Französisch half ihm beim Verständnis der Stücke.

Aber die Hauptaufgabe Jacobs war hier die wissenschaftliche Hilfe für Savigny. *Gesund bin ich noch und habe auch ziemlich viel zu tun*, schrieb er an den daheimgebliebenen Bruder Wilhelm. *Alle Tage außer Sonntag von 10 – 2 auf der Bibliothek . . . Hier habe ich Manuskripte, besonders das Digestum, Codex, Instit. Volumen, Codex Theodosianus, Decretum etc. zu vergleichen, welches eine recht interessante Arbeit ist . . . Sodann exzerpiere ich Schriften und Handschriften der Glossatoren.*[21]

Lieber freilich als diese juristischen Handschriften hätte Jacob schon hier sich mit seinen eigenen Literaturstudien befaßt. Gern las er Wilhelms Aufforderung, die ihn von daheim erreichte: *Ich habe daran gedacht, ob Du nicht in Paris einmal unter den Manuskripten nach alten deutschen Gedichten und Poesien suchen könntest, vielleicht fändest Du etwas, das merkwürdig und unbekannt.*[22]

Jacob machte sich bei dieser Arbeit ernsthafte Gedanken über seine Zukunft. Er verlor die Lust, sich noch einmal auf der Marburger Universität mit Staats- und Privatrecht abzugeben. *Zu solchen Sachen muß mir das Wasser bis an den Hals gehen, ehe ich sie angreife*[23], schrieb er an Wilhelm. Er hoffte, einmal in Hessen eine bescheidene Anstellung zu finden. Seiner Tante Zimmer, die ihn bei der Ausbildung finanziell so nachhaltig unterstützt hatte, teilte er mit: *So wünsche ich nichts mehr als einen Dienst zu haben, der mir nicht den ganzen Tag wegnimmt, sondern Zeit läßt, meine Lieblingsstudien fortzusetzen; denn ich gestehe es, ohne dieses würde ich ziemlich unglücklich sein.*[24]

In dieses Leben, das nicht auf Geld, sondern auf die leidenschaftlich ersehnten Studien eines ganz neuen Forschungsgebietes eingestellt sein sollte, bezog er überschwenglich und unabdingbar zugleich seinen Bruder ein und erklärte: *Lieber Wilhelm, wir wollen uns einmal nie trennen, und gesetzt, man wollte einen anderswohin tun, so müßte der andere gleich aufsagen. Wir sind nun diese Gemeinschaft so gewohnt, daß mich schon das Vereinzeln zum Tode betrüben könnte.*[25]

Wilhelm stimmte in gleicher brüderlicher Liebe zu. Und als Jacob im Herbst 1805 die Arbeit für Savigny in Paris beendete, auf der Rückreise in Trier Station machte und dabei den Bibliothekar Wyttenbach besuchte, stand sein Entschluß fest: *Damals schon hatte ich das Vorhaben gefaßt, unsere herrliche altdeutsche Literatur, so viel an mir lag, gründlich zu studieren.*[26]

Auf der Weiterreise nach der Heimat holte Jacob in Marburg den Bruder Wilhelm ab. Gemeinsam trafen sie in Kassel ein. Dort wurden sie von ihrer

Marburg: Universität und Schloß. Zeichnung von C. Arnold, 1855

Mutter willkommen geheißen, die im selben Jahr von Steinau nach Kassel gezogen war, weil sie mit ihren Kindern wieder zusammen leben wollte und in Kassel die besten Zukunftsaussichten für ihre Söhne zu finden glaubte.

Während Wilhelm ein Jahr darauf, 1806, seine Universitätszeit mit der juristischen Staatsprüfung abschloß, kehrte Jacob nicht mehr nach Marburg zurück. Nach verschiedenen vergeblichen Versuchen, bei der Regierung in Kassel angestellt zu werden, wurde er schließlich als Sekretär vom Kasseler Kriegskollegium für ein Gehalt von 100 Talern übernommen. Freilich gesteht er: *Die viele und geistlose Arbeit wollte mir wenig schmekken, wenn ich sie mit der verglich, die ich ein Vierteljahr vorher zu Paris verrichtete, und gegen die neumodische Pariser Kleidung mußte ich in steifer Uniform mit Puder und Zopf stecken. Dennoch war ich zufrieden*

Friedrich Karl von Savigny. Zeichnung von L. E. Grimm, 1809

und suchte alle meine Muße dem Studium der Literatur und Dichtkunst des Mittelalters zuzuwenden.[27]

Mit dieser Muße war es aber bald nicht mehr weit her. Das förmliche Ende des Heiligen Römischen Reiches Deutscher Nation war gekommen, als der österreichische Kaiser Franz I. auf die römisch-deutsche Kaiserwürde verzichtete. Im selben Jahr 1806 brachen Napoleons Armeen gegen Preußen und Rußland auf. In der Doppelschlacht von Jena und Auerstedt siegte Napoleon über Preußen. Wenige Tage danach besetzten französische Soldaten auch Kassel, und Wilhelm I. von Hessen-Kassel, der 1803 die kurfürstliche Würde erhalten hatte, mußte mit seiner Frau Wilhelmine Karoline und der ganzen Familie flüchten. Napoleon machte kurzen Prozeß. Er schlug das Kurfürstentum zu dem neu gegründeten Königreich Westfalen und gab dieses seinem jüngsten Bruder König Jérôme in die

17

Hand. Der lebensfrohe Herr mit dem Grundsatz: «Morgen wieder lustik» erhielt in Kassel den Beinamen «König Lustik».

Hier war natürlich inzwischen das hessische Kriegskollegium mit seinem Sekretär Jacob Grimm überflüssig geworden. Eine Zeitlang wurde Jacob wegen seiner guten französischen Sprachkenntnisse bei der Verpflegungskommission für die Truppe verwandt. Aber diese *lästigsten Geschäfte* [28] waren ihm so zuwider, daß er seine Entlassung aus diesem Amt betrieb. Er hatte bereits in *einer rechten Herzensergießung* [29] Freund Savigny seine Entschlüsse dargelegt und erklärt, daß er seine berufliche Zukunft nicht als Jurist suchen wolle: *Ich werde jetzt mit mehr Neigung zum Studium der Geschichte der Poesie und Literatur überhaupt hingezogen... Was Brot und Auskommen angeht, so gewährt es mir das Studium der Jurisprudenz so schwer und so leicht wie jedes andere. Das läßt sich immer erschwingen, was ich dazu brauche. Mein größtes Bemühen ist, mich loszuarbeiten, um ganz für mich zu sein und zu arbeiten.* [30]

Freundliche Tage standen denn auch im Haus, als sich die Brüder Grimm mit den Romantikern Clemens Brentano und Achim von Arnim in Kassel trafen und den zweiten und dritten Band von «Des Knaben Wunderhorn» aus ihren eigenen Sammlungen bereicherten. *Bei uns Deutschen war schon zu viel untergegangen*, schrieb Wilhelm an den skandinavischen Gelehrten Nyerup, *ehe man daran dachte, es zu sammeln, und dennoch sind die Überreste, welche in den drei Bänden des Wunderhorns nun aufbewahrt sind, immer verwunderungswürdig.* [31]

Die Brüder hatten ihren literarischen Weg des Sammelns, des Bewahrens gefunden. Aber ihre äußere Stellung im Leben war völlig ungeklärt: Jacob war Ende 1807 stellungslos, und Wilhelm konnte schon wegen seiner Kränklichkeit kein Amt ausüben. Die Not wurde durch einen weiteren Todesfall vermehrt. Kaum war *das kummervolle Jahr 1807* [32] verstrichen, kaum waren die ersten Monate des neuen Jahres vergangen, starb am 27. Mai 1808 Mutter Grimm. Wenige Tage vorher hatte Jacob noch folgendes Bild von ihr entworfen: *Die Mutter, von einer höchst resignierenden, alles ertragenden und leidenden, alles für uns hingebenden Natur. Dabei doch manchmal hart und verschlossen. Von dieser Verschlossenheit scheinen wir alle, mehr oder weniger und auf verschiedene Manier unsern Teil zu haben.* [33] Eine Woche später mußte Jacob Freund Savigny sein Leid offenbaren: *Wir sind alle in der größten Bestürzung und Traurigkeit. Die Mutter hat nur ein paar Tage krank gelegen und ist uns nun gestorben. Wie ganz rein treu hat sie Gott gedient und der Liebe zu uns, worüber ihr eignes Leben hat rauh werden müssen. Und eben, wo sie anfangen gedachte, sich unser zu freuen, trifft uns der harte Schlag!... Ich weiß gewiß, daß ich mich über nichts in meinem Leben heftiger betrüben werde. Denn der Schmerz hat tausend Anlässe und greift in tausend Erinnerungen ein. Gott gebe uns Ruhe.* [34]

Die Mutter war in dem Bewußtsein gestorben, daß nicht eines ihrer Kinder versorgt war. Nun mußte Jacob als ältester mit seinen 23 Jahren das Steuer des Familienschiffs übernehmen. Es war vordringlich, die Existenz der Geschwister auch finanziell zu sichern. Von dem Geschichtsschreiber Johannes von Müller wurde er zur Leitung der Privatbibliothek des Königs Jérôme in Kassel-Wilhelmshöhe empfohlen und dort auch am 5. Juli 1808 zum Bibliothekar ernannt. Die Stelle war zuerst mit 2000 Franken dotiert, erhöhte sich dann auf 3000. Und da Jacob auch noch Anfang des Jahres 1809 Staatsratsauditor, das heißt Beisitzer im Staatsrat wurde und nochmals eine Gehaltserhöhung erhielt, waren mit einem Schlag vorläufig die materiellen Schwierigkeiten behoben: ... *alle Nahrungssorgen verschwanden.*[35]

König Jérôme war zu seinem Bibliothekar *immer freundlich und anständig*[36]. Trotzdem engagierte sich Jacob politisch nicht. Er wollte nichts anderes sein als Betreuer und Verwalter der Bücherschätze und schrieb über diese Tätigkeit: *Dabei war mein Amt als Bibliothekar keineswegs lästig, ich hatte mich bloß einige Stunden in der Bibliothek oder im Kabinett aufzuhalten, konnte auch während diesen nach Besorgung des neu Einzutragenden ruhig für mich lesen oder exzerpieren. Bücher oder Nachsuchungen in Büchern wurden vom König nur selten verlangt, an andere wurde aber gar nichts ausgeliehen. Die ganze übrige Zeit war mein, ich verwandte sie fast unverkümmert auf das Studium der altdeutschen Poesie und Sprache.*[37]

Nun, das verdiente Geld sicherte nicht nur das Brot für die Geschwister. Bald konnte es Jacob auch aus anderen Gründen notwendig brauchen. Wilhelm, dessen Gesundheit schon in den vergangenen Jahren recht schwankend war, bekam ernsthafte Beschwerden und mußte sich 1809 bei dem Medizinprofessor Johann Christian Reil in Halle einer Kur unterziehen. *Ich wollte einmal versuchen,* sagte Wilhelm, *ob Reil, von dem ich so viel Gutes gehört, mir helfen könne ...* Er meinte, daß der Herzmuskel

Paris: der große Saal in der Kaiserlichen Bibliothek. Holzschnitt, um 1850

erschlafft sei und gestärkt werden müsse. So mußte ich mich mit spirituösen Essenzen reiben und dgl. Vieles wurde versucht, z. B. einen Magnet über dem Herzen zu tragen . . . Endlich mußte ich das neue Eisen- und Solbad gebrauchen.[38]

Langsam schlug die Kur an. Der Patient erfreute sich an der romantischen Burg Giebichenstein vor den Toren Halles, die dem befreundeten Komponisten Johann Friedrich Reichardt gehörte, und erzählte, zwischen Resignation und Hoffnung schwankend, dem Dichterfreund Brentano: Ich fühle zwar, wie weit es geht mit dem Bessern, und daß ich nie durchaus kuriert werden kann, aber dieses Erleichtern ist mir schon viel. Sie glauben nicht, wie ich mich gefreut habe, wie ich wieder ruhig und friedlich, nicht in steter Angst aufsitzend unbeweglich im Bett, und bis in die Nacht wachend, einschlief und mich freier umherlegen konnte, und nicht die ängstlichen Träume kamen, die ich schon fast jede Nacht hatte, in welchen ich oft mein geborstenes, vom Blut überquollenes Herz vor mir liegen sah.[39]

Brentano, der sich in Halle einfand, überredete denn auch den genesenen Wilhelm, mit ihm Arnim in Berlin zu besuchen. Obwohl es damals in der preußischen Hauptstadt stiller war als sonst, weil der königliche Hof vor Napoleon nach Königsberg geflüchtet war, empfing Wilhelm von ihr einen starken Eindruck. In Berlin ist es mir auch wohl ergangen, schrieb er, Arnim ist sehr gut und freundlich und überhaupt ist es eine merkwürdige Stadt.[40] Wilhelm benutzte die Zeit nicht nur für seine literarischen Studien, er saß nicht nur in seiner Arbeitsstube bei Arnim zwischen wenigstens fünfzig höchst interessanten Büchern[41], er lernte auch seinen Gastgeber täglich mehr als herrlichen Geist schätzen und ehren[42]. In Berlin traf er sich mit dem Gelehrten Friedrich Heinrich von der Hagen, der ein guter Kerl ist und doch eine Frau aus dem öffentlichen Haus genommen, wo sie schon sechs Jahre gewesen[43]. Mit ihm debattierte er über die Nibelungenfrage. Auch mit dem Verleger Julius Eduard Hitzig, der ein alter Freund von Clemens Brentano ist[44], kam man zusammen.

Bereichert vom Umgang mit den Berliner Literaten und Künstlern machte sich Wilhelm im November 1809 auf die Heimreise. Die anstrengende Fahrt, auf der er nach Postwagenmanier tüchtig zerstoßen[45] wurde, unterbrach er in Weimar, um dort Goethe zu besuchen. Wilhelm, der zuerst von Friedrich Wilhelm Riemer, dem Sekretär des Dichters, empfangen wurde, war von dem Besuch bei Goethe sehr bewegt: Wie wurde ich überrascht über die Hoheit, Vollendung, Einfachheit und Güte dieses Angesichts. Er hieß mich sehr freundlich sitzen und fing freundlich an zu reden . . . Er sprach von dem Nibelungenlied, von der nordischen Poesie . . . vom Oehlenschläger, von den alten Romanen, er lese eben den Simplicissimus von Grimmelshausen . . . Ich blieb fast eine Stunde da, er sprach so freundlich und gut, daß ich dann immer nicht daran dachte, welch ein großer Mann es sei; als ich aber weg war oder wenn er still war, da fiel es mir immer ein, und wie gütig er sein müsse und wenig stolz, daß er mit einem so geringen Menschen, dem er doch eigentlich nichts zu sagen habe, verweilen möge.[46]

Wilhelm war damals noch keine 24 Jahre alt, er war erst mit einigen Aufsätzen hervorgetreten, so daß es schon etwas Besonderes war, als Goe-

Jérôme Bonaparte, König von Westfalen. Stich von Johannes Gotthard von Müller nach Kinson

the bekundete, er habe *Teilnahme für die Bemühungen zu Gunsten einer lang vergessenen Literatur*[47]. Tatsächlich veranlaßte er dann auch die Zusendung mehrerer Kodizes aus den ihm unterstellten Bibliotheken an die Brüder Grimm.

Anfang des Jahres 1810 waren Jacob und Wilhelm wieder in Kassel vereint. An der europäischen Situation wie auch in der Heimat der Brüder hatte sich noch nichts Entscheidendes geändert. Jacob war noch in Diensten des Königs Jérôme; bei einem Schloßbrand rettete er die wertvollen Bücherschätze. Seine freien Stunden aber wandte Jacob nach wie vor zusammen mit dem Bruder an die geliebten Forschungen. Kleinere Studienreisen unterbrachen den Alltag.

Erst die Völkerschlacht bei Leipzig im Oktober 1813 änderte die Dinge von Grund auf. König Jérôme mußte sich mit den französischen Truppen nach Westen absetzen, das Königreich Westfalen hörte auf zu bestehen, das Kurfürstentum Hessen wurde wiederhergestellt. Obwohl Jacob sein Amt als Privatbibliothekar des Königs Jérôme eingebüßt hatte, erlebte er die Ereignisse begeistert mit: *Die endliche, kaum gehoffte Rückkehr des alten Kurfürsten* Wilhelms I., *gegen Ende des Jahres 1813, war ein unbeschreiblicher Jubel, und für mich war die Freude nicht kleiner, auch die geliebte Tante . . . im Gefolge der Kurfürstin* Wilhelmine Karoline *wieder einziehen zu sehen. Wir liefen an dem offnen Wagen durch die Straßen*

21

Kassel: das Wohnhaus der Familie Grimm (von 1805 bis 1814) in der Marktgasse. Holzschnitt

Blick aus dem Grimm-Haus. Aquarell von L. E. Grimm

hin, *die mit Blumengewinden behangen waren*.[48] Und an den befreundeten Germanisten George Friedrich Benecke schrieb Jacob über seine persönliche Lage: *An mich selbst denke ich am wenigsten eifrig . . . Das wird sich schon geben*.[49]

Tatsächlich wurde Jacob alsbald in die Dienste des zurückgekehrten Kurfürsten übernommen. Er hatte nach seiner Ernennung vom 23. Dezember 1813 *als Legationssekretär den hessischen Gesandten zu begleiten, der ins Große Hauptquartier der verbündeten Heere abgeschickt werden sollte . . .*[50] *Eine andere gute oder nur leidliche Anstellung stand mir in der jetzigen Zeit nicht offen und ein schneller Schritt für mich und meine Geschwister war durchaus notwendig.*[51]

Im Gefolge der Truppen, die Napoleon zurückdrängten, kam der Gesandtschaftssekretär Jacob im April 1814 nach Paris. Während seiner freien Zeit schaute er sich wieder wie schon 1805 in den Bibliotheken um: *Zwei volle Monate zu Paris zu bleiben, freilich in einer zerstreuenden Zeit, war mir schon viel wert und ich bin für unser Studium nicht umsonst da gewesen.*[52]

Inzwischen war es auch dem in Kassel zurückgebliebenen Wilhelm gelungen, festen Boden unter die Füße zu bekommen: *Zu Anfang des Jahres 1814 bewarb ich mich um die zweite Bibliothekarstelle an der* Kurfürstlichen *Bibliothek im Museum . . . Der Geheime Hofrat Strieder, der an der Spitze der Bibliothek . . . stand . . . riet mir, um die Stelle bloß mit dem Titel eines Bibliotheksekretärs zu bitten, weil der Kurfürst der nötigen Ersparnisse wegen den Bibliothekarsgehalt zu erteilen nicht geneigt sei . . . Meine Bitte ward nun schnell erfüllt, und am 15. Februar 1814 trat ich mein Amt an. Mit dem ersten Bibliothekar, Oberhofrat Völkel, stand ich von Anfange in dem besten Vernehmen.*[53]

Wilhelm, der auf baldige Rückkehr des Bruders aus Paris hoffte, besorgte nun auch eine günstigere Wohnung in Kassel am Wilhelmshöher Tor, in der die Brüder dann bis 1822 wohnen bleiben konnten. Darüber schrieb er an seinen Jugendfreund Paul Wigand: *Mein Auszug, der ziemlich schnell kam, hat mich drei Wochen Arbeit von Morgen bis Abend gekostet. Was für eine Menge alter Schriften, Papiere und Bücher wir haben, davon hast Du keinen Begriff. Von meinem Urgroßvater an ist alles aufgehoben worden. Ich wohne jetzt in dem letzten Hause der Stadt nach Wilhelmshöhe zu, der Wache gegenüber, es ist ein herrschaftliches Gebäude und ich gebe wenig Miete. Die Wohnung ist schön.*[54]

Aber als Jacob im Juli 1814 aus Paris nach Kassel zurückkehrte, konnte er sich nicht, wie erhofft, im neuen Heim den Exzerpten widmen, die er nach Handschriften in Paris angefertigt hatte. Schon im September schickte man den Gesandtschaftssekretär auf den Wiener Kongreß, wo die Staatsmänner und ihre Trabanten nach der Niederwerfung Napoleons Europa neu ordnen wollten. Jacob war hier natürlich nur ein kleiner Mann unter dem hessischen Delegationsleiter Graf Keller. Er konnte nicht viel anderes tun, als Metternich, Hardenberg, Wilhelm von Humboldt und den Freiherrn vom Stein neben den zahllosen anderen Diplomaten zu beobachten.

Mißmutig äußerte er in dem von Joseph von Görres herausgegebenen «Rheinischen Merkur»: *Soll denn unsere volkwarme, bewegte Zeit und*

Dorothea Grimm. Zeichnung von L. E. Grimm, 4. April 1808

Meinung so mutwillig und frevelhaft hart von denen, die nach der Karte, den Flüssen und Bergen, nicht nach den Herzen Länder machen, angetastet werden? ... Derweil frieren wir ... und zürnen mit Fug und Erlaubnis über das sklavenmäßige Abtreten, Tauschen und Mischen der freien Leute, die wie ein zusammengerührter Brei sich nach und nach erst wieder setzen sollen.[55]

Diesem Gewirr von Grobheiten, Welthöflichkeiten, Intrige, Verschlossenheit und Leichtsinn[56] entfloh Jacob. Ich bin, so viel ich kann, auf der Bibliothek und recht fleißig[57], schrieb er dem in Kassel zurückgebliebenen Bruder Wilhelm. Zu dem Verdruß und tiefen Kummer über den verkehrten und undeutschen Gang und Geist des Kongresses[58] kam noch ein persönlich schmerzliches Ereignis. Die Tante Zimmer, die den Brüdern bei ihrem Studium so entscheidend geholfen hatte, starb unerwartet. Jacob hatte nun niemand mehr, der für die jüngeren Geschwister mitsorgen konnte. Auf dem Dreißigjährigen lastete die ganze Bürde.

Enttäuschend war der Wiener Kongreß zu Ende gegangen, Jacob hoffte, zu Haus bleiben zu dürfen und endlich wieder einmal in Ruhe und Ordnung zu gelangen[59]. Rückblickend auf die letzten Jahre meinte er: Ich für mein Teil bin ... ziemlich umgetrieben worden.[60] Und nochmals trieb man den jungen Diplomaten weg, im September 1815 reiste er zum drittenmal nach Paris. Er klagte: Die Freunde, die mich, da ich kaum los geworden war, nun wieder nach Paris jagten, haben ... meine Seele in neues Leid gebracht.[61] Er rief aus: Gott schaffe mir endlich Ruhe, ich lebe jetzt im größten Gegenteil!/[62]

Im Dezember 1815 war auch diese Mission zu Ende, das brüderliche Paar war wieder in Kassel vereinigt. Jacob hatte sich fest entschlossen, den diplomatischen Dienst zu quittieren. Er wollte sich nun durch nichts mehr von seinem eigentlichen Lebensziel abhalten lassen und schrieb an seinen Freund Johann Smidt, den Bremer Ratsherrn: Erst Christtag bin ich heimgekehrt und habe mich wieder so in versäumte Arbeiten hineingesteckt und im eigentlichsten Sinn mit drei Tischen und der Wand umstellt, daß andere erst raten müssen, wie ich von meinem Stuhl kommen kann.[63]

Clemens Brentano. Stich von L. E. Grimm

DIE ERSTEN WISSENSCHAFTLICHEN FRÜCHTE

Man muß sich vergegenwärtigen, wie bescheiden, ja wie karg die Lebens-
verhältnisse der Brüder Grimm über weite Strecken ihrer Jugend waren.
Man muß sich klarmachen, daß Jacob Jahre hindurch gezwungen war, in
einem ihm fremden Beruf Geld zu verdienen, um sich und seine Geschwister über Wasser zu halten, und daß er dabei als kleine diplomatische Figur
zwischen Paris und Wien hin und her geschoben wurde. Dabei war er wohl
robuster als der mehrfach von schweren Leiden heimgesuchte Bruder Wilhelm; aber auch er mußte mit seinen Kräften haushalten und kannte
schwermütige Stimmungen. Nur wenn man all dies berücksichtigt,

Achim von Arnim

gewinnt man das rechte Maß für die wissenschaftliche Leistung der Grimms schon in ihrer Jugend.

Es wäre nur zu natürlich gewesen, wenn die Brüder bei ihrer juristischen Laufbahn geblieben wären. Aber trotz aller Umwege, die ihnen das Schicksal zumutete, visierten sie unverrückbar das Ziel an, auf den Pfaden jener neuen Forschung weiterzuschreiten, die man später als Germanistik bezeichnete. Sie fanden die Kraft dazu in den Idealen der Romantik, fanden sie aber auch in der eigenen Anlage: der kühne, zupackende Forscherdrang Jacobs, der auf dem Gebiet der alten Literatur ein weites, unerforschtes Land vor sich sah, vereinte sich mit dem sensiblen, musischen Geist Wilhelms zu einem glücklichen Bündnis.

Damals umgab ... diese Studien noch die Frische und der Reiz des ersten Beginnens [64], schrieb Wilhelm später an Ludwig Uhland. Wohl hatte der Schweizer Johann Jakob Bodmer sich in der Mitte des 18. Jahrhunderts um die mittelalterlichen Dichtungen gekümmert, wohl hatten Lessing, Klopstock und Voß *den Wert unserer alten Dichtung* [65] geahnt,

28

aber *erst die neueren romantischen Dichter begannen sie nachdrücklich zu empfehlen*[66].

Offenen Blicken konnte sich nicht bergen, daß hier ein frisches, fast *unbebautes Feld vorliege, dem günstige Erträge abzugewinnen seien*[67], bemerkte Jacob. Und Wilhelm ergänzte im Hinblick auf die turbulenten napoleonischen Jahre: *Das Drückende jener Zeiten zu überwinden half denn auch der Eifer, womit die altdeutschen Studien getrieben wurden. Ohne Zweifel hatten die Weltereignisse und das Bedürfnis, sich in den Frieden der Wissenschaft zurückzuziehen, beigetragen, daß jene lange vergessene Literatur wieder erweckt wurde; allein man suchte nicht bloß in der Vergangenheit einen Trost, auch die Hoffnung war natürlich, daß diese Richtung zu der Rückkehr einer andern Zeit etwas beitragen könne.*[68]

Noch waren die mittelalterlichen Texte erst bruchstückhaft oder unvollkommen ediert, vieles bargen noch völlig ungehoben die Handschriftenschätze der Bibliotheken. All das mußte erst erschlossen und gedeutet werden, bis man den dichterischen Reichtum früherer Jahrhunderte in seiner Breite vor sich sah. Aber man war drauf und dran, das Verschollene wieder ans Licht zu ziehen, und so konnte Wilhelm schon 1811 an den nordischen Gelehrten Rasmus Rask schreiben: *Die Wissenschaft für deutsche und nordische Altertümer ist bei uns im Entstehen, sie bildet sich soeben, und es herrscht der lebhafteste Eifer für alle alten Denkmäler.*[69]

Dabei machten es sich die Brüder nicht leicht, das Rüstzeug für ihre Sprach- und Literaturstudien zu erwerben. Man befaßte sich auch mit entfernteren Sprachen. Jacob interessierte sich für die slawischen Formen, da in ihm die *Lust zu der slawischen Sprache und Literatur erregt*[70] war, und erklärte, daß er *im Isländischen*[71] fleißig fortarbeite. Ebenso eifrig und verhältnismäßig schnell studierten die Brüder die bisher vorliegenden Quellen der mittelalterlichen Literatur sowie die Schriften, die von gelehrter Hand darüber veröffentlicht worden waren. Und wohin sie in diesen Jahren auch kamen: einer ihrer ersten Wege führte sie immer in die Bibliotheken, um unbekannte Werke zu entdecken. *Es ist erstaunlich viel wert, nur die Existenz alter Manuskripte zu wissen, dadurch bekommt man Trieb, weiter nachzuspüren*[72], schrieb Jacob an Dobrovský, den Begründer der slawischen Philologie.

Manches wird gerettet, wie wir mit Freuden sehen, bemerkte Jacob, *anderes ist und bleibt ohne Wiederbringen verloren.*[73] Aber das noch Vorhandene wollte man nun vor weiteren Verlusten schützen. Man war erfüllt von dem Gedanken, hier ein dichterisches Paradies zu betreten. So schrieb Wilhelm: *Man wird endlich erkennen, daß auf den alten Zeiten der Völker der erste Glanz der Sonne und das Morgenrot gelegen ... sei.*[74]

Dabei gingen die Brüder bei ihren literarischen Arbeiten von einer umfassenden Literaturkenntnis aus. Nicht nur die Autoren ihres eigentlichen Forschungsgebietes wie Frauenlob, Geiler von Kaysersberg, Gottfried von Straßburg, Hartmann von Aue, Konrad von Würzburg, Neidhart von Reuenthal, Oswald von Wolkenstein, Johannes Tauler, Ulrich von Türheim und Wolfram von Eschenbach tauchen in ihren Jugendbriefen auf. Daneben stehen aus der Antike Dichter, Geschichtsschreiber und Philosophen: Aischylos, Aristophanes, Aristoteles, Cicero, Herodot, Horaz,

Goethe. Gemälde von Gerhard von Kügelgen, 1808/09

Nepos, Platon, Tacitus, Thukydides, Vergil. Die spanische Literatur ist mit Calderón und Cervantes, die italienische mit Dante, Petrarca und Tasso, die französische mit Corneille, Diderot, La Fontaine, Molière, Racine und Voltaire, die englische mit Sir Walter Scott und William Shakespeare vertreten. In langer Liste erscheinen bei dieser Korrespondenz auch ältere deutsche Autoren wie Fischart, Goethe, Grimmelshausen, Gryphius, Hebel, Heinse, Herder, Jean Paul, Klinger, Klopstock, Kotzebue, Opitz, Schiller, Voß, Wieland, Winckelmann. Und aus dem Kreis der Romantik waren den Brüdern Grimm entweder persönlich oder durch ihr Werk bereits bekannt: Arndt, Arnim, Bettina und Clemens Brentano, Chamisso, Fichte, Fouqué, Görres, Kleist, Novalis, Rückert, Schenkendorf, August Wilhelm und Friedrich Schlegel, Schleiermacher, Tieck, Uhland, Karl August und Rahel Varnhagen, Zacharias Werner.

Eine lange Liste, die zeigt, daß die Grimms schon in ihren Jugend- und frühen Mannesjahren nicht nur sprachlich, sondern auch literarisch gründlich beschlagen waren. Aus einem wohlbeackerten Boden gediehen ihre ersten eigenen wissenschaftlichen Früchte.

Als sie darangingen, ihre frühen Arbeiten zu veröffentlichen, war die Drucklegung infolge der kriegerischen Ereignisse gar nicht so leicht. Wiederholt erklingt die Klage über *die Zögerung des Drucks*[75].

Zuerst traten die Brüder im Alter von 22 bzw. 21 Jahren mit Aufsätzen in Fachzeitschriften hervor. Dort schrieb Jacob über *Minnegesang*, *Nibelungenlied*, behandelte die *Übereinstimmung der alten Sagen* und machte sich *Gedanken, wie sich die Sagen zur Poesie und Geschichte verhalten*[76]. Wilhelm brachte unter anderem einen *Beitrag zu einem Verzeichnis der Dichter des Mittelalters* und einen Aufsatz *über die Entstehung der altdeutschen Poesie und ihr Verhältnis zu der nordischen*[77].

Als dann die Brüder an ihre ersten Buchpublikationen gingen, die sie jeweils zunächst unter ihrem eigenen Namen erscheinen ließen, konnte Wilhelm feststellen: *Unsere Kollektaneen sind längst so weit, daß wir darauf sitzen können, solche Ballen!*[78]

Das erste Buch Jacobs ging *über den altdeutschen Meistergesang* (1811). Es war aus einer literarischen Fehde mit den Germanisten Docen und von der Hagen erwachsen. Jacob schrieb darüber an einen Freund: *Du glaubst kaum, wie vielerlei und wie vielmal ich die Quellen durchgelesen habe, um auf festen Grund und Boden zu kommen.*[79] Trotz der herangezogenen Unterlagen sprach er von einem *schwierigen, quellenarmen Stoff*[80], bei dem es ihm auch darum ging, zwischen Volksdichtung und Kunstpoesie zu unterscheiden und die Merkmale der beiden Richtungen abzugrenzen.

Ein weiteres Werk, das Jacob unter seinem Namen veröffentlichte, galt der *Irmenstraße und Irmensäule* (1815). Es war ein mythologischer Versuch, um alte Götterbilder und Säulen zu deuten, die einmal als Heiligtümer galten. Wichtiger war Jacobs Buch *Silva de romances viejos* (1815). Es sollte *den Liebhabern altdeutscher und spanischer Poesie eine kritische Auswahl und Ausgabe der altspanischen Romanzen*[81] bieten. Jacob gewann die Texte aus alten spanischen Büchern, er selbst nannte sie *vortrefflich*[82], während Wilhelm die Unterlagen des Bruders als *herrliche, reich poetische Stücke und überaus selten*[83] bezeichnete.

Wilhelm hatte in diesen Jahren *altdänische Heldenlieder, Balladen und Märchen übersetzt* und herausgegeben (1811). Er stützte sich dabei auf eine Sammlung nordischer Heldengedichte (Kämpeviser), die im 16. und 17. Jahrhundert aufgezeichnet worden waren. Begeistert von diesen alten Liedern, schrieb Wilhelm: *Diese Sammlung übertrifft an Reichtum alles, was irgendein neueres europäisches Volk, die Spanier etwa ausgenommen, aus so früher Zeit aufbewahrt hat . . . In ihren Abweichungen zeigt sich schon das Charakteristische dieser Gegenden, das Märchenhafte, Wilde, Rätselhafte und Grauenvolle . . . voll zauberhafter Steine, Meere und Wolkenbilder, von einzelnen gewaltigen Menschen durchirrt und mit allen mutigen Abenteuern versucht und bestanden.*[84]

Das Haus der Grimms am Wilhelmshöher Tor in Kassel.
Aquarell von L. E. Grimm

Die Übersetzung der Kämpeviser ist treu und hält sich der Form und Gestalt nach an das Original[85], sagte der Herausgeber. Er sandte das Buch, das den Freunden Arnim und Brentano zugeeignet war, auch an Goethe, der aus Weimar antwortete: «Ich schätze seit langer Zeit dergleichen Überreste der nordischen Poesie sehr hoch und habe mich an manchem einzelnen Stück derselben schon früher ergötzt. Hier aber haben Sie uns nunmehr sehr viel bisher Unbekanntes gegeben und durch eine glückliche Behandlungsweise aus vielem Einzelnen einen ganzen Körper gebildet.»[86]

Diesem Buch ließ Wilhelm *drei altschottische Lieder in Original und Übersetzung* folgen (1813). *Angehängt sind Zusätze und Verbesserungen zu den altdänischen Heldenliedern, Balladen und Märchen.*

Inzwischen war 1812 auch das erste Werk erschienen, für das Jacob und Wilhelm gemeinsam verantwortlich zeichneten: *Die beiden ältesten deutschen Gedichte aus dem achten Jahrhundert: Das Lied von Hildebrand und Hadubrand und das Weissenbrunner* (Wessobrunner) *Gebet zum erstenmal in ihrem Metrum dargestellt und herausgegeben durch die Brüder Grimm.*

Von diesen beiden ehrwürdigen Sprachdenkmälern, die man heute auf

Lotte Grimms Zimmer im Haus am Wilhelmshöher Tor.
Aquarell von L. E. Grimm. 1821. Privatbesitz, München

Ludwig Uhland. Zeitgenössischer Holzschnitt

den Anfang des 9. Jahrhunderts datiert, befand sich die Handschrift des Hildebrandsliedes in unmittelbarer Nähe der Brüder Grimm, nämlich in der Kasseler Bibliothek (seit 1945 zum Teil vermißt), während das Wessobrunner Gebet zu den Schätzen der Münchner Hofbibliothek (jetzt: Bayerische Staatsbibliothek) gehörte. Es galt den Nachweis zu führen, daß es sich nicht um Prosa, sondern um Dichtungen mit Stabreimen handelte. *Eben ist von uns eine neue Edition und Erklärung des alten Fragments von Hildebrand und Hadubrand, desgl. des berühmten Wessobrunner ... erschienen*, schrieb Jacob an den Gymnasialrektor Friedrich David Graeter, *auch das letztere ist in seiner alliterierenden Gestalt dargestellt*[87]. Um die Gedichtform noch deutlicher zu machen, ließen die Brüder *die Alliteration in alle Exemplare mit Zinnober hinzumalen*[88].

Auch *der arme Heinrich von Hartmann von der Aue*, den Jacob und Wilhelm *aus der Straßburgischen und Vatikanischen Handschrift* herausgaben und erklärten, trug wieder die Autorenbezeichnung *durch die Brüder Grimm* (1815). *Ein sehr treffliches Gedicht*[89] nannte Wilhelm das Werk Hartmanns von Aue und sagte, es sei *durch Inhalt, Darstellung und Spra-*

che ausgezeichnet[90]. *Es schildert eine rührende Begebenheit aus dem häuslichen Leben, in welche das Wunderbare und Unglaubliche auf eine überraschende Weise eintritt, und ist mit einer Innigkeit und Wärme, zugleich mit einer leichten und ungesuchten Anmut erzählt, wie es in solcher Verbindung nur einem Dichter von entschiedenem Talente möglich ist.*[91]

Von den Brüdern ebenfalls gemeinsam ediert, erschienen 1815 die *Lieder der alten Edda, aus der Handschrift herausgegeben und erklärt.*

Bei der Edda, schrieb Wilhelm an Goethe, *kam es uns darauf an, sowohl die wissenschaftlichen Forderungen nach unsern Kräften zu befriedigen, als auch die ausgezeichnete und gewaltige Poesie darin so nah als möglich zu rücken.*[92] Die Brüder meinten, diese nordische Dichtung sei *an innerem Wert durchaus dem Homer zu vergleichen*[93]. Als Wissenschaftler war dabei ihre *erste Sorge, auf einen korrekten und reinen Originaltext zu gehen*[94]. Ihre Ausgabe sollte dem *ungemeinen poetischen Wert*[95] der Vorlage entsprechen. Mit einer gewissen Befriedigung konnte Wilhelm an Freund Arnim schreiben: *Der erste Band der Edda ist endlich fertig geworden ... In der Prosaübersetzung ist versucht, die Gedichte so nah und klar als möglich unsrer Zeit herbeizurücken, und es kommt mir vor, sie läsen sich da wie schöne, großartige Märchen.*[96]

Freilich, es blieb bei dem genannten ersten Band und somit bei einer fragmentarischen Ausgabe der Edda.

Und auch ein anderes Vorhaben wollte vorläufig nicht zu einem Ende gelangen, obwohl sich die Brüder jahrelang damit beschäftigten, nämlich eine Ausgabe des *Reinhart* (Reineke) *Fuchs.* Dabei sammelten sie gerade für diese Tierdichtung unermüdlich Abschriften aus alten Manuskripten und scheuten keine Mühe. So gestand Jacob: *Ich habe das große Pariser Manuskript du roman de renard, bestehend aus mehr als 25 000 altfranzösischen, oft schwerleserlichen Zeilen wörtlich, ja buchstäblich kopiert.*[97] Mit Recht konnte Jacob an den Leidener Professor H. W. Tydeman schreiben: *Sie sehen aus allem diesem, daß ich es nicht an Eifer fehlen lasse, um mein Studium in Absicht auf Material nicht zu beschränken.*[98] Aber gerade die Begierde Jacobs, alle Überlieferungen heranziehen zu wollen, verhinderte auf Jahre hinaus Vollendung und Drucklegung.

Dafür gehört noch eine Zeitschrift in diesen Zeitraum, die durch die Brüder Grimm gemeinsam herausgegeben wurde: *Altdeutsche Wälder* (3 Bände, 1813–16). Die Zeitschrift wurde mit folgenden Worten angekündigt: *Sie hat den Zweck, das Studium und den Geist des deutschen Altertums ... beleben zu helfen ... Es sollen allein Quellen, bedeutend in ihrem Verhältnis zur Geschichte der Poesie ... Untersuchungen über den Zusammenhang jener Dichtungen untereinander ... Erläuterungen über den deutschen und nordischen Heldenmythus der Nibelungen, Mitteilungen aus nicht armen Sammlungen noch lebendiger Volkssage den Inhalt dieses Werks ausmachen.*[99]

Jacob und Wilhelm lieferten die meisten Beiträge für diese Zeitschrift selber, sie gossen den *Überfluß an beiläufigen Nebenarbeiten*[100] in das Journal. Wenn die Zeitschrift es dann doch nur auf drei Bände brachte, so lag dies an den kriegerischen Zeitläufen. Denn die Brüder hatten dafür wahrhaft *nicht Lappen und Schnitzelwerk* beigesteuert, *sondern Dinge,*

DIE

DEUTSCHE HELDENSAGE

VON

WILHELM GRIMM

ZWEITE VERMEHRTE UND VERBESSERTE AUSGABE

BERLIN
FERD. DÜMMLERS VERLAGSBUCHHANDLUNG
HARRWITZ UND GOSSMANN
1867

worauf wir Wert legen[101]. Aber die kriegsbedingten Unterbrechungen und unbefriedigenden Beziehungen zwischen Herausgebern und Verleger verhinderten weitere Bände.

Mit all diesen Veröffentlichungen hatten sich aber trotzdem die Brüder einen guten Namen in der wissenschaftlichen Welt gemacht. Ruhm bekam ihr Name freilich erst dann, als ihre Märchensammlung, die Wilhelm einmal als *angenehme Nebenarbeit*[102] bezeichnet hatte, ins Licht der Öffentlichkeit kam. *Dieser Wünschelrutenzweig fiel uns glücklich in die Hand*[103], schrieb später Jacob. Mit ihm fanden sie neben den hart erarbeiteten wissenschaftlichen Früchten die Wasserader der reinen Dichtung.

Das Hildebrandlied. Blatt 1 der Handschrift. Um 800. Murhardsche Bibliothek der Stadt Kassel und Landesbibliothek

Bei aller Gelehrsamkeit, die Jacob und Wilhelm schon in ihren zwanziger Jahren an den Tag legten, wäre es falsch, sich die Brüder nur so vorzustellen, daß sie gebeugt «über Büchern und Papier» saßen. So wie sie in ihrem Alltag immer gern in die Natur hinauswanderten, gingen sie auch literarisch gern mit dem naturnahen Volk um. Es war eines ihrer frühesten Anliegen, das vom Volk erzählte dichterische Wort zu bewahren. Dort lebten vielfach noch die alten Geschichten weiter, die als Märchen über Länder und Jahrhunderte gezogen waren. Da Zeitungen und Zeitschriften noch nicht millionenfach zum Frühstück in die Häuser gebracht wurden, da es weder Rundfunk noch Fernsehen gab, saß man im Wirtshaus oder am Dorfbrunnen, im Kinderzimmer oder in den Spinnstuben am Feierabend beisammen und hörte einem zu, der zu erzählen wußte.

Wohl gab es schon vor den Brüdern Grimm in Frankreich, Italien und durch Musäus auch in Deutschland Versuche, solche Geschichten zu sammeln. Wohl hatte auch Herder schon auf die Notwendigkeit hingewiesen, die alten Märchen bekanntzumachen. Aber erst die Romantiker, besonders Brentano und Arnim, haben den Boden bereitet, aus dem dann auch die Sammlungen der Brüder Grimm entstanden. Aber im Gegensatz zu ihren Dichterfreunden wollten Jacob und Wilhelm nicht eigene dichterische Werke aus der Überlieferung her gestalten; vielmehr ging es ihnen darum, das, was das Volk sich erzählte, so echt und schlicht wie möglich zu bewahren.

Als die Brüder im Jahre 1806 anfingen, Märchen zu sammeln, erschütterte die Doppelschlacht von Jena und Auerstedt die deutschen Lande. Bisherige Ordnungen zerbrachen, zu Tausenden starben die Soldaten, Gehöfte und Häuser gingen in Flammen auf. War es nicht seltsam, daß sich in dieser Zeit ein Paar zwanzigjährige junge Leute mit scheinbar so entlegenen Dingen abgaben? Doch eben da, wo so vieles zerbrach, suchten die Brüder zu retten, was der Geist des Volkes geschaffen hatte. Sie hatten das sichere Gefühl, daß man in einer neu heraufkommenden Zeit dieses dichterische Gut vergessen würde, wenn man es nicht jetzt festhielt. Und es zeigte sich dann auch, daß ihre Leistung beständiger war als die politischen und militärischen Ereignisse des Tages.

Wohl fahndeten die Brüder bei ihrer Sammelarbeit auch nach schriftlichen Quellen, aber immer wieder betonten sie, daß es die *mündliche Überlieferung* [104] gewesen sei, auf die sie ihr Werk stützten. Bei ihrem Tun beflügelte sie *der Glaube an die Heiligkeit und Wahrheit der Kindermärchen*, und sie meinten, *wenig andere können so reich an frischen, ewig jungen Tatsachen sein* [105].

Es war vielleicht gerade Zeit, diese Märchen festzuhalten, da diejenigen, die sie bewahren sollen, immer seltner werden ... denn die Sitte darin nimmt selber immer mehr ab ... Wo sie noch da sind, da leben sie so, daß man nicht daran denkt, ob sie gut oder schlecht sind, poetisch oder abgeschmackt, man weiß sie und liebt sie, weil man sie eben so empfangen hat. [106]

Zuerst sammelten die Brüder in ihrem engeren Lebenskreis, also *fast nur in Hessen und den Main- und Kinziggegenden in der Grafschaft*

Hanau[107]. Da war zum Beispiel die Sonnenapotheke des Herrn Wild in Kassel ein besonders ergiebiges Märchenhaus. Nicht nur Frau Wild kannte Märchen — auch ihre Töchter Gretchen und Dortchen (Dortchen wurde später die Frau von Wilhelm Grimm) waren kundige Erzählerinnen. Zu den verläßlichen Gewährsleuten gehörte hier aber vornehmlich die sechzigjährige Kriegerswitwe Marie Müller, die als Haushälterin tätig war und den Brüdern nach der Tagesarbeit viele Märchen zu berichten wußte. Auch von den Schwestern Amalie und Jeannette Hassenpflug, deren Vater in Kassel Regierungsbeamter war, konnten die Brüder manches erfahren. Überhaupt zeigte es sich, daß die Frauen besonders häufig noch dieses oder jenes Märchen kannten. Da gab es in einem Spital die sogenannte Marburger Märchenfrau, bei der Familie Savigny gab es die Lenhardin, wie man dort eine Frau Lenhard nannte. Auch eine Pfarrerstochter Friederike Mannel war unter den Zubringern; ebenso half eine von Brentanos Schwestern, Frau Jordis, den sammelnden Brüdern. Aus dem männlichen Kreis der Beiträger seien die Grimmschen Freunde Achim von Arnim und August von Haxthausen, ein junger Theologe und Germanist namens Ferdinand Siebert und ein pensionierter Dragonerwachtmeister Krause genannt, der als Kriegsinvalide in der Nähe von Kassel hauste und originelle Soldatenmärchen kannte.

So sammelten die Brüder sechs Jahre lang, neben ihren anderen Arbeiten, Märchen um Märchen, bis Achim von Arnim bei einem Besuch in Kassel zu Anfang des Jahres 1812 die Veröffentlichung anregte: *Von unsern Sammlungen gefielen ihm diese Märchen am besten*, schrieb später Wilhelm, *er meinte, wir sollten nicht zu lange damit zurückhalten, weil bei dem Streben nach Vollständigkeit die Sache am Ende liegen bliebe.*[108]

Die Brüder stimmten dieser Überlegung zu, und so wandte sich Jacob im Mai 1812 an Arnim nach Berlin: *Kannst Du einmal dort einen Verleger zu den von uns gesammelten Kindermärchen bereden, so tu es doch, am Ende tun wir auf Honorar Verzicht und halten es nur für eine mögliche zweite Auflage aus; Druck und Papier mag gut oder schlecht sein; denn im letzten Fall wird das Buch für den Absatz wohlfeiler und leichter, es ist uns mit darum zu tun, daß wir dadurch zu ähnlichen Sammlungen von Traditionen ermuntern.*[109]

Schon im Juni konnte Arnim melden: «Reimer will Eure Kindermärchen drucken und sich so mit Euch setzen, daß er Euch ein gewisses Honorar gibt, wenn eine bestimmte Zahl Exemplare abgesetzt sind.»[110] So erschienen denn die ersten Exemplare der *Kinder- und Hausmärchen, gesammelt durch die Brüder Grimm* kurz vor Weihnachten 1812 mit einer Widmung an Brentanos Schwester Bettina, die seit 1811 mit Arnim verheiratet war. Es war die gleiche Zeit, in der Napoleons Truppen sich nach dem Brand von Moskau in einem grausam kalten Winter westwärts zurückziehen mußten.

In den folgenden Jahren sammelten die Brüder emsig Unterlagen für einen zweiten Band. Sie arbeiteten auch dann daran, als *Soldaten neben im Zimmer hausten und sangen und sonst Sorge von manchen Seiten kam, so daß zu strengern und schwerern Sachen nicht Ruhe war*[111]. Neben Gewährsleuten, die schon zum ersten Band beigetragen hatten, fanden die Brüder diesmal viele Helfer in Westfalen. Mitglieder der Familien

Haxthausen und Droste-Hülshoff waren es, die Wilhelm denn auch in Bökendorf, dem Stammsitz derer von Haxthausen (zwischen Paderborn und Höxter gelegen), aufsuchte, um alles zu hören und aufzuzeichnen, was man dort noch an Märchen kannte.

August und Werner, Ludowine, Ferdinandine, Anna und Sophie von Haxthausen wußten zusammen mit ihren Freundinnen Jenny und Annette von Droste-Hülshoff noch vieles, was Wilhelm entzückte. Es war ein Kreis von jungen Leuten, die gemeinsam durch Park und Wälder streiften, die abends Volkslieder sangen und dazu Waldhorn und Flöte spielten. Wiederholt gingen auch Briefe der Brüder Grimm dorthin, um weitere Märchenschätze hereinzuholen.

So schrieb Wilhelm an August von Haxthausen: *Ich bitte Dich ... so inständig als möglich, mir, was dort für uns gesammelt ist, sogleich zu schicken, das Beste, wenn es nicht gar zu dick wird, mit umgehender Briefpost in einem Brief, das andere mit dem Postwagen, der das nächste Mal geht.*[112] Und an Ludowine von Haxthausen gingen von Wilhelm die ermunternden Zeilen: *Sie glauben nicht, welche Freude ich an der Sammlung des zweiten Bandes habe.*[113]

An Jenny von Droste-Hülshoff, die für Wilhelm besondere Zuneigung empfand und als Schwester Annettes selber dichterisch gestimmt war, schickte der Märchensucher einige Bilder seines jüngeren Malerbruders Ludwig Emil und flocht ein: *Diese Bilder sollen aber zugleich um etwas bitten ... August Haxthausen hat mir geschrieben, daß Sie manches Märchen wieder gefunden und aufgezeichnet hätten. Ich habe die ruhigen Stunden dieser Zeit ... dazu angewendet, das bisher Gesammelte in Ordnung zu bringen und will es drucken lassen. Nun bitte ich Sie, mir jetzt schon diesen Zuwachs für den neuen Band zu schenken.*[114] Noch rechtzeitig kamen die Niederschriften, und Wilhelm konnte Jenny *für die schönen Beiträge zu unserer Märchensammlung*[115] seinen Dank sagen.

Neben diesem Bökendorfer Märchenkreis gab es noch in Hessen eine wunderbare Quelle, die von den Brüdern entdeckt wurde: *Einer jener guten Zufälle aber war die Bekanntschaft mit einer Bäuerin aus dem nah bei Kassel gelegenen Dorfe Zwehrn, durch welche wir einen ansehnlichen Teil der hier mitgeteilten, darum echt hessischen Märchen ... erhalten haben. Diese Frau, noch rüstig und nicht viel über fünfzig Jahre alt, heißt Viehmännin* (Dorothea Viehmann), *hat ein festes und angenehmes Gesicht, blickt hell und scharf aus den Augen und ist wahrscheinlich in ihrer Jugend schön gewesen. Sie bewahrt diese alten Sagen fest in dem Gedächtnis ... Dabei erzählt sie bedächtig, sicher und ungemein lebendig.*[116]

Dank all dieser Mithilfe konnten dann die Brüder Grimm den zweiten Band ihrer *Kinder- und Hausmärchen* bereits drei Jahre nach dem Erscheinen des ersten Teils, also 1815, vorlegen.

Wenn auch die Grimms die Bedeutung ihrer Sammlungen noch nicht völlig übersehen konnten, waren sie doch vom Wert ihrer Arbeit überzeugt: *In diesem Sinne existiert noch keine Sammlung in Deutschland, man hat sie* (die Märchen) *fast immer nur als Stoff benutzt, um größere Erzählungen daraus zu machen, die willkürlich erweitert, verändert ... doch immer den Kindern das Ihrige aus den Händen rissen.*[117]

Titel der Erstausgabe von 1812

Jacob schrieb an Arnim: *Ich sehe täglich mehr ein, wie wichtig diese alten Märchen in die ganze Geschichte der Poesie eingreifen.*[118] Und Wilhelm schrieb an Goethe, daß die Märchen *ohne fremden Zusatz die eigentümliche poetische Ansicht und Gesinnung des Volks*[119] kennzeichneten.

Wir wollten indes durch unsere Sammlung nicht bloß der Geschichte der Poesie einen Dienst erweisen, erklärten die Herausgeber, *es war zugleich Absicht, daß die Poesie selbst, die darin lebendig ist, wirke: erfreue, wen sie erfreuen kann.*[120] Somit verfolgten die Brüder neben der gelehrten, bewahrenden Absicht das Ziel, ein künstlerisch lebendiges, alt und jung begeisterndes Buch zu schaffen. Sie wollten beileibe nicht etwa nur ein Museum erstellen.

Bettina von Arnim, geb. Brentano. Zeichnung von L. E. Grimm,
18. August 1809

   Das Märchenbuch ist mir daher gar nicht für Kinder geschrieben,
erklärte Jacob dem Freund Arnim, *aber es kommt ihnen recht erwünscht,*
und das freut mich sehr . . . Diese Märchen wohnen darum bei Kindern und
Alten.[121] Freilich sollte man den Kindern *nicht zuviel auf einmal, sondern*
nach und nach immer einen Brocken dieser süßen Speise geben[122].
   Mit der schon frühzeitig auftauchenden Frage, ob diese Märchen, die
trotz des wunderbaren Gehalts an der derben Wirklichkeit des Lebens
nicht vorbeigingen, auch wirklich für Kinder geeignet seien und ob man

das Werk als Erziehungsbuch verwenden könne, setzten sich die Brüder mehrfach auseinander. Wilhelm sagte, *daß wir bei den Kindermärchen recht eigentlich den Wunsch haben, es möge ein Erziehungsbuch werden, da ich mir nichts ernährender, unschuldiger und erfrischender weiß für kindliche Kräfte und Natur*[123]. Und an Arnim: *Den Einwurf, daß manche es nicht getrauen, ihren Kindern das Buch in die Hände zu geben, hab ich vorausgesehen, indessen ist das nicht zu ändern ... Wir haben z. B. zu Haus die Bibel gelesen, jeden Abend ein Kapitel, es sind doch viele Stellen darin, die wohl mancher ängstlich zurückhalten würde.*[124] Jacob fügte dazu: *Was wir an offenbarten und traditionellen Lehren und Vorschriften besitzen, das ertragen Alte wie Junge.*[125]

Trotzdem verstummte mancher Tadel nicht. Ja in Wien verbot man sogar einen Nachdruck der Kindermärchen *als zu abergläubisch*[126]. Die Brüder Grimm ließen sich von solchen Kritiken nicht irremachen. Sie änderten nichts Wesentliches am Bericht ihrer Gewährsleute, sie verbogen und verfälschten nichts, es ging ihnen nicht um das Spiel ihrer eigenen Phantasie. *Wir haben uns bemüht, diese Märchen so rein als möglich war aufzufassen*[127], sagten sie. Oder an Goethe: *Wir haben ... nichts aus eignen Mitteln hinzugefügt, was sie* (die Märchen) *abgerundet oder auch nur ausgeschmückt hätte.*[128]

Allerdings war es nicht so, daß die Brüder sklavisch dem Wortlaut der Gewährsleute folgten. *Wir kommen hier auf die Treue,* sagte Jacob. *Eine mathematische ist vollends unmöglich und selbst in der wahrsten, strengsten Geschichte nicht vorhanden.*[129] So war es denn eine meisterliche sprachliche Leistung, daß die Brüder Grimm all diese Märchen, die von den verschiedensten Zubringern stammten, in die einheitlich klassische Form brachten, die dem von ihnen gefundenen Märchenton Dauer und Gültigkeit gegeben hat. Indem sie den Kern der Überlieferung treu bewahrten, faßten sie das Ganze doch in eine Sprache, die ihnen gemäß war.

So waren die ersten Ausgaben durch Sammlung und Gestalt das gemeinsame Werk der Brüder Grimm. Etwas anders wurde es mit den späteren Auflagen, die Wilhelm öfters in ihrem Bestand änderte, die er erweiterte und immer wieder durchfeilte. Jacob gestand: *Die späteren Auflagen, weil ich in Grammatik versenkt war, ließ ich Wilhelm redigieren und einleiten, ohne daß meine Sorgfalt für Sammeln und Erklären je nachgelassen hätte.*[130]

Obwohl Wilhelm schon 1815 meinte, *daß die 900 Exemplare des ersten Bandes der Märchen bald vergriffen wären und dann eine neue Auflage nötig sei*[131], erschien erst 1819 die *zweite vermehrte und verbesserte Auflage.* Und schließlich wurden die sachlichen Anmerkungen, die von den Brüdern den beiden ersten Bänden beigegeben waren, von Wilhelm erweitert und 1822 in einem gesonderten 3. *Band* herausgegeben. Besonders wichtig wurde dann auch eine 1825 veranstaltete *Kleine Ausgabe,* die das Werk noch mehr zu einem Lieblingsbuch der Kinder machte.

Für diese Ausgabe lieferte auch der Malerbruder Ludwig Emil Grimm mehrere Radierungen; die erste englische Ausgabe (1823—26) wurde von dem bekannten Illustrator George Cruikshank mit Bildern versehen. *Unsere Märchen haben großen Beifall in England gefunden,* konnte Wilhelm schreiben. *Ein Auszug daraus mit artigen Bildern ist dreimal in*

Jenny von Droste-Hülshoff. Anonymes Gemälde.
Landesbildstelle Westfalen

einem Jahr in London aufgelegt worden.[132] Jacob nannte die Arbeiten *geistreich radierte Blätter*[133].

Inzwischen mehrten sich, illustriert und nicht illustriert, die Auflagen: von der *Großen Ausgabe* erschienen zu Lebzeiten der Brüder sieben, von der *Kleinen Ausgabe* zehn Auflagen. Dazu kamen eine Reihe Übersetzungen. Immer beliebter wurden diese *Brosamen der Poesie, womit man aber doch die Vögel füttern kann*[134]. Neben ihren eigenen Neuauflagen erlebten die Brüder auch die Freude, daß vielerorts andere Märchenfreunde darangingen, das alte Volksgut einzuheimsen. Das Beispiel wirkte so stark, daß dank der zahlreichen Sammlungen der Märchenschatz der Welt nicht mehr untergehen konnte. Jacob erkannte richtig: *... gemeinschaftlich mit Wilhelm hat er die Kindermärchen ... gesammelt, die sich zum Verdienst anrechnen, das Feld eröffnet und eine Menge ähnlicher Sammlungen in*

Deutschland wie außerhalb hervorgerufen zu haben, durch welche es nun möglich geworden ist, die reiche Fülle solcher Überlieferungen zu erschauen und fruchtbar zu bearbeiten.[135]

Aber auch das gelehrte Beiwerk, das die Brüder den Märchen beigaben und dann gesondert erscheinen ließen, wurde fruchtbar. Ihre Ausführungen zu den Märchentexten begründeten eine neue Märchenforschung, die sich bis in unser Jahrhundert zu einem mächtigen Zweig der Wissenschaft ausgewachsen hat.

Die Brüder Grimm bei Dorothea Viehmann in Niederzwehren.
Zeitgenössische Darstellung

FÜLLE DER SAGEN

Einen tieferen Ursprung erkannten die Brüder Grimm ihren Märchen zu,
indem sie sagten: *Was so mannigfach und immer wieder von neuem
erfreut, bewegt und belehrt hat, das trägt seine Notwendigkeit in sich und
ist gewiß aus jener ewigen Quelle gekommen, die alles Leben betaut, und
wenn auch nur ein einziger Tropfen, den ein kleines zusammenhaltendes
Blatt gefaßt, doch in dem ersten Morgenrot schimmernd.*[136] Voll Ehrfurcht
gegenüber der Volksdichtung sahen sie auch in ihren Sagen *eine der trost-
reichsten und erquickendsten Gaben Gottes*[137].

Dorothea Viehmann. Radierung von L. E. Grimm

In zwei Teilen erschienen die von den Brüdern Grimm herausgegebenen *Deutschen Sagen* 1816 und 1818, also erst nach den beiden ersten Märchenbänden und auch nach den napoleonischen Jahren. Etwa zur gleichen Zeit, als die Brüder 1806 darangegangen waren, ihre Märchensammlungen zu begründen, hatten sie ihre Aufmerksamkeit auch den Sagen zugewandt. Und während der aufgeregten Kriegsjahre erweiterten sie in gleicher Weise ihre Bestände an Märchen und Sagen. Eine Veröffentlichung hätte nahezu gleichzeitig erfolgen können, aber es entsprach mehr der Arbeitsweise der Sammler, zuerst das eine Thema und dann das andere druckfertig zu machen.

Ludwig Emil Grimm. Selbstbildnis. Zeichnung, 1811

In ihren Anfängen unterschieden die Brüder gar nicht so streng zwischen Märchen und Sagen. Erst allmählich kristallisierten sich die Wesensunterschiede genauer. Jacob schrieb seinem Freund August von Haxthausen: *Die Märchen gleichen den Blumen, diese Volkssagen frischen Kräutern und Sträuchen, oft von eigentümlichem Geruch und Hauch.*[138] Schlichter gesagt: die Märchen sind phantasievolle Erzählungen, sie spielen in einem imaginären Reich, das sich auf keiner Landkarte befindet und in dem die üblichen Gesetze der Natur nicht gelten; im unrealen Märchenland können sich alle Wünsche erfüllen, da gibt es alle Möglichkeiten. Die Sagen aber sind an Raum und Zeit gebunden.

Jacob Grimm definiert: *Das Märchen ist poetischer, die Sage historischer; jenes stehet beinahe nur in sich selber fest, in seiner angeborenen Blüte und Vollendung; die Sage, von einer geringern Mannigfaltigkeit der Farbe, hat noch das Besondere, daß sie an etwas Bekanntem und Bewußtem hafte, an einem Ort oder einem durch die Geschichte gesicherten*

Namen. Aus dieser ihrer Gebundenheit folgt, daß sie nicht, gleich dem Märchen, überall zu Hause sein könne.[139]

Ein weiterer Unterschied: während sich die Märchen hauptsächlich auf die mündliche Überlieferung stützen und daher auch unmittelbar wirken, gehen die Sagen meist auf alte Texte zurück. Nicht immer freilich trennten die Brüder bei ihrer Sammelarbeit die beiden Dichtungsarten. So schrieb Wilhelm an Jenny von Droste-Hülshoff: *Nun will ich Sie auch wieder recht schön und ernstlich um weitere Unterstützung bitten, sowohl in Märchen als Sagen von besonderen Orten, von Bergen, Wäldern, alten Schlössern und dergleichen.*[140]

Wie bei den Märchen, so trugen auch bei den Sagen die Brüder unermüdlich über Jahre hin ihr Gut zusammen. Jacob konnte bereits 1810 an Brentano schreiben: *Unsere große Sagengrundlage ist diese letzte Zeit sehr angewachsen.*[141] Trotzdem wollten die Brüder die Öffentlichkeit weiter an der Mitarbeit interessieren und schrieben 1815 in einem Zirkularbrief unter anderem: *Wir lassen es uns ... angelegen sein, nachstehende Gegenstände fleißig aufzuspüren und treulich aufzuschreiben: ... Lokalsagen, die zur Erklärung gewisser Örtlichkeiten (wie Berge, Flüsse, Seen, Sümpfe, zertrümmerte Schlösser, Türme, Steine und alle Denkmäler der Vorzeit sind) erzählt und gewußt werden.*[142]

Die örtlichen Sagen bildeten denn auch den Inhalt des ersten Bandes. All die darin auftauchenden Gespenster und Hausgeister, die Wichtelmänner und Ahnfrauen, die Elfen und Nixen, die Zwerge und Riesen, die Kobolde und Dämonen hausen hier an ganz bestimmten Orten, so wie die Phantasie des Volkes eben oft Burgen und seltsame Felsformen, auffallende Bäume oder abgründige Schluchten und ähnliche Naturgebilde mit geheimnisvollen Gestalten bevölkerte. So könnte man im Gegensatz zu dem nicht faßbaren Märchenreich eine ganze Karte sagenumwobener Landschaften zeichnen.

In der Vorrede zum ersten Sagenband formulierte Jacob: *Um alles menschlichen Sinnen Ungewöhnliche, was die Natur eines Landstrichs besitzt ... sammelt sich ein Duft von Sage und Lied, wie sich die Ferne des Himmels blau anläßt und zarter, feiner Staub um Obst und Blumen setzt.*[143]

Der zweite Band brachte dann geschichtliche Sagen. Im allgemeinen chronologisch angeordnet, begleiten die einzelnen Beiträge die deutsche Geschichte von ihrem Beginn bis in die Zeit Luthers. Die Historie der Völkerwanderungszeit wird ebenso lebendig wie später die Zeit Karls des Großen. Über Motive aus der Epoche der Sachsenkaiser und der Hohenstaufen geht es dann zu den bürgerlichen Jahrhunderten des späten Mittelalters.

Neben den Autoren des 16. und 17. Jahrhunderts durchstöberten die Brüder ganze Bibliotheken und Handschriftensammlungen, um diese Sagen zu entdecken. *Der Anfang ist mit Tacitus gemacht, dann folgt Jornandes, Paulus Diaconus und so geht es bis zu den Chroniken des Mittelalters.*[144] Die *mündlichen Volkssagen*[145] wollten hier die Brüder aber auch nicht ausschließen, wenngleich gerade dieser Band mit den historischen Sagen *größtenteils aus den Geschichtschreibern gezogen*[146] war. In seiner Eigenart schätzten die Brüder diesen Band besonders. So sagte Wil-

Hans im Glück. Illustration von George Cruikshank zur ersten englischen
Ausgabe der Märchen, London 1823–1826

Aschenputtel. Illustration von L. E. Grimm zur kleinen Ausgabe der «Kinder- und Hausmärchen», Berlin 1825

helm: *Will man einmal das Wesen der Sagen untersuchen, so ist er ein unentbehrliches Handbuch.*[147]

Mit nahezu sechshundert Sagen boten die beiden Bände ein wahrhaftes Füllhorn. Wie bei den Märchen hatten die Brüder für die sprachliche Form ihre eigene Vorstellung: *Das erste, was wir bei Sammlung der Sagen nicht aus den Augen gelassen haben, ist Treue und Wahrheit . . .*[148] *Darum darf ihr Innerstes bis ins kleinste nicht verletzt und darum müssen Sache und Tatumstände lügenlos gesammelt werden.*[149]

Aber zugleich hieß es: *An die Worte war sich, so viel tunlich, zu halten, nicht an ihnen zu kleben.*[150] Die Freiheit der sprachlichen Form behielten sich die Herausgeber vor, die letzte Fassung sollte ihrem untrüglichen Sprachgefühl entsprechen.

Man erhoffte sich für diese Sagen ein ganz bestimmtes Publikum: *Die Lesewelt wird die Märchen anziehender finden, dagegen interessieren sich wohl schon einige Historici für die Sagen, an denen die Märchen vorbeiliefen.*[151] Jacob betonte: *Mit der Zeit müssen auch diese Sachen zu Ehren kommen.*[152] Ja man sammelte bereits für einen dritten Sagenband, der allerdings dann doch nicht mehr erschienen ist.

Die *Deutschen Sagen* hatten nicht den gleichen Erfolg wie die Märchen, zu Lebzeiten der Brüder Grimm erschien davon keine Neuauflage. Auch die internationale Verbreitung ist mit dem Siegeszug der Märchen nicht zu vergleichen; durch Ort und Geschichte waren die Sagen doch mehr auf den deutschen Sprachraum beschränkt. Hier allerdings behielt die umfangreiche Sammlung ihren bleibenden Wert. Und hier wurde sie auch insofern fruchtbar, als zahlreiche andere Sammler dem Beispiel der Brüder Grimm folgten und Sagen aus ihren besonderen Landschaftsgebieten zusammentrugen. Dazu gewannen Schriftsteller und Künstler aus diesen Sagen vielfältige Anregungen.

Wie bei ihren Märchen schritten die Brüder Grimm auch bei ihren Sagen nicht über bekanntes Gelände. Wieder standen sie als Begründer an einem Anfang und schufen ein Werk, das aus unserer Literatur nicht mehr wegzudenken ist.

BRÜDERLICH IN KASSEL VEREINT

1816–1829

Im Alter von dreißig Jahren hatten sich die Brüder Grimm durch ihre wissenschaftlichen Publikationen in der Fachwelt einen geachteten Namen gemacht; mit ihren beiden ersten Märchenbänden hatten sie sich in den Kreis der Romantik eingefügt. Als sie sich an die Herausgabe ihrer Sagen begeben hatten, mußte nun Jacob auch seine Berufsfrage neu regeln, während Wilhelm ja bereits seit 1814 in Kassel an der Kurfürstlichen Bibliothek sein bescheidenes Brot verdiente.

Der Wiener Kongreß hatte den Schlußpunkt unter die napoleonische Epoche gesetzt, und Jacob war nach seinem dritten Aufenthalt in Paris im Dezember 1815 nach Kassel zurückgekehrt. *Der Jacob ist zu Weihnachten glücklich wieder angelangt,* schrieb Wilhelm, *das Lästige vergißt sich in solchen Fällen doch eher als das Vorteilhafte und so werden ihm seine Reisen . . . eine Erinnerung hinterlassen, die er nicht leicht weggeben wird. Ich wünschte sehr, wenigstens Deutschland auch so weit gesehen zu haben.*[153]

Jacob gab die diplomatische Laufbahn auf, weil sie ihn nicht befriedigte, und erstrebte eine Stelle, die ihm so viel Zeit ließ, daß er seinem inneren Forschungsauftrag nachgehen konnte. Er richtete an den hessischen Kurfürsten die *allieruntertänigste Bitte um Erteilung der ledigen Hofarchivarienstelle*[154]. Im Archivdienst kam er dann zwar nicht unter, aber Jacob war zufrieden, daß man ihn am 16. April 1816 an die gleiche Bibliothek berief, an der auch Bruder Wilhelm tätig war. Dort, wo nach dem Tod des Bibliotheksvorstandes Strieder der friedliche Völkel als Oberbibliothekar wirkte, wurde Jacob in Anbetracht der Dienstjahre zweiter Bibliothekar, während Wilhelm seine Stelle als Bibliothekssekretär behielt.

Das Museum Fridericianum in Kassel. Zeichnung von A. Wenderoth. Hier befand sich die Kurfürstliche Bibliothek

Jacob Grimm. Kupferätzung nach einer Zeichnung von L. E. Grimm, 1817

Ich bin seit Ostern Bibliothekar geworden, stellte Jacob fest, *und also auch nun in Dienstsachen mit Wilhelm gemeinschaftlich arbeitend. Ich bekomme 600 Taler, der Wilhelm 300, macht zusammen 900 Taler, so daß wir nun ohne Sorge auskommen, auch ist die Stelle angenehm und ziemlich ungebunden.*[155]

Bei dem innigen Verhältnis, das zwischen den Brüdern bestand, empfand der geringer eingestufte Wilhelm nicht den geringsten Neid. In finanziellen Dingen gab es ohnedies keinen Anlaß zum Zwist, da man das Verdiente in einen Topf warf. Natürlich mußte man die Taler einteilen, denn die Besoldung war auch für damalige Ansprüche sehr mäßig. Aber Jacob meinte: *Wenn ich das Angenehme und Freie der Stelle selbst betrachte, so will ich lieber einige hundert weniger haben als ein hiesiger Regierungrat, der sich den ganzen Tag mit Arbeiten plagen muß.*[156] Dabei kam es Jacob natürlich nicht darauf an, wenig zu arbeiten; im Gegenteil. Nur wollte er eben ausreichend Zeit für seine Forschungen haben. So gestand er zufrieden: *Die Bibliothek ist jeden Tag drei Stunden geöffnet, alle übrige Zeit konnte ich nach Lust studieren und wurde nur durch kleine Nebenämter . . . gestört.*[157]

Von jetzt an beginnt die ruhigste, arbeitsamste und vielleicht auch die fruchtbarste Zeit meines Lebens[158], meinte Jacob in einem späteren Rückblick. Mit dem Bruder im Dienst und im Privatleben vereint, durch den Brotberuf gesichert und unermüdlich seinem Forschungsdrang hingegeben, wollte Jacob auch von einem Ruf an die Universität Bonn nichts wissen. Er blieb seinem Schreibtisch in Kassel treu, ebenso wie Wilhelm, der über seinen Beruf sagte: *Ich bin seit ein paar Jahren ein ganz ordentlicher Bibliothekarius und gehe, die Festtage ausgenommen, an jedem Tag in einen recht schönen Saal, und bespreche mich liebreich mit den Leuten, die kommen und etwas aus den vielen Büchern lernen wollen.*[159]

In der bibliothekarischen Alltagsarbeit mit Büchereintragen, Heraussuchen und Verleihen gab es freilich auch Ereignisse, die dem Forschungsdrang der Brüder abträglich waren. Da sollte ein Teil der Wilhelmshöher Bibliothek in der Kasseler Bibliothek verwendet werden. Jacob stöhnte: *Wöchentlich treffen Kisten ein, worüber dann langweilige Verzeichnisse aufgestellt, abgeschrieben, die Dubletten gesondert, die andern Bücher eingetragen werden müssen. Gegen tausend Nummern sind bereits eingerückt.*[160]

Nicht genug damit: das Oberhofmarschallamt, das für die Zahlungen zuständig war, verlangte zum Zweck der Kontrolle eine Kopie des etwa 80 Folianten umfassenden Katalogs. *Gegenvorstellungen fruchteten nichts*, berichtet Jacob, *und wir mußten, der alte Völkel, mein Bruder und ich, wirklich Hand anlegen und ohngefähr anderthalb Jahre die edelsten Stunden auf diese Abschrift, deren Zweck wir nicht einsahen, verwenden.*[161] Auch Wilhelm klagte: *Wir sind gegenwärtig mit einer äußerst lästigen, mechanischen Arbeit auf der Bibliothek geplagt und werden . . . nicht fertig damit, ob wir gleich alle daran arbeiten.*[162]

Nach diesen mühseligen bürokratischen Zwischenspielen kehrte wieder der bibliothekarische Alltag ein, und Jacob atmete auf: *Ich konnte wenigstens die neuen Bücher, die mich besonders angingen, frisch durchlaufen.*[163]

Lotte Grimm. Radierung von L. E. Grimm, 1820

Nach den Bibliotheksstunden wuchsen daheim die eigenen Arbeiten. Wenn auch die Behörden und Fürstlichkeiten in Kassel davon wenig Notiz nahmen, waren doch schon gelehrte Gesellschaften, indem sie den Brüdern die Mitgliedschaft antrugen, auf das Schaffen von Jacob und Wilhelm aufmerksam geworden. Auch die Universität Marburg erkannte die Forschungen an und verlieh beiden 1819 die philosophische Ehrendoktorwürde. *Ohne alle unsere Schuld*[164], wie Jacob meinte. Aber die Brüder sahen daran doch, wie ihre Arbeit in der wissenschaftlichen Welt ein Echo fand, und waren im ganzen mit ihrem Berufskreis zufrieden.

Weniger zufrieden waren sie mit dem, was sich in ihrer weiteren und engeren Heimat politisch in diesem Zeitraum zwischen 1816 und 1829 ereignete. Zwar schien das Jahr 1817 noch einmal die deutschen Hoffnungen zu erregen. *Das Reformationsfest ist im ganzen protestantischen Deutschland gefeiert worden*, sagte Jacob, *möge es nur lebendige Frucht bringen, doch läßt sich manches Zeichen der Zeit gut an. Die Studenten haben auf der Wartburg ein schönes Fest gefeiert, in Ordnung und Haltung.*[165]

Wenige Jahre danach schrieb er aber von *einer bitteren Zeit*[166], äußerte *Spannung und Mißmut über unsre öffentlichen Verhältnisse in Deutschland* und bekannte, daß seine *Tage dadurch getrübt und verdorben worden sind*[167]. Eine große freiheitliche Entwicklung zeichnete sich nach den Karlsbader Beschlüssen (1819), wo man die Vorzensur für Zeitungen und andere Schriften einführte, nicht mehr ab.

Auch am Wirkungsort der Brüder, in Kassel selbst, gab es Schwierigkeiten. Eine Gönnerin der Brüder, die Kurfürstin Wilhelmine Karoline, starb 1820. Wilhelm schrieb voll Bedauern: *Am meisten betrübt hat mich der Tod der guten Kurfürstin, sie war von liebreichem Herzen und hat im stillen viel Gutes getan. Sie hatte mich schon als Kind gekannt . . . ich hatte daher die Erlaubnis, zuweilen zu ihr kommen zu dürfen, oder sie ließ mich auch rufen.*[168] Ein Jahr später starb ihr Gatte, Kurfürst Wilhelm I. von Hessen. Ihm folgte 1821 auf dem kurfürstlich-hessischen Thron sein Sohn Wilhelm II. Der neue Kurfürst, der mit Auguste, einer Tochter des Preußenkönigs Friedrich Wilhelm II., verheiratet war, brachte Zwiespalt in die kurfürstliche Familie und in den Staat. Willkürlich erhob er seine Geliebte Emilie Ortlöpp in den Rang einer Gräfin von Reichenbach.

Jacob kennzeichnete die Lage: *Unsere neue Regierung ist nicht so, daß sie einem gefallen könnte . . . Unter einem wohlwollenden, redlichen Fürsten wären wir in der glücklichsten Lage, er würde unbeschränkt heilsam wirken können und alle Herzen nach sich ziehen. Es muß aber auf übelerworbenem Schatz ein gerechter Fluch haften . . . Das verwilderte, rohe Wesen des jetzigen Kurfürsten war längst bekannt.*[169]

Für die wissenschaftliche Arbeit der Brüder Grimm hatte der neue Herr nicht das geringste übrig, so daß Jacob alsbald erkannte: *Die Mißgunst, welche man uns beweist, zeigt sich in folgendem: fast alle, wenigstens wohl alle hiesigen Behörden sind beim Antritt der Regierung besser gesetzt worden, wir nicht, so sehr unser Gehalt von dem gewöhnlichen absteht.*[170]

Noch mehr: die Brüder mußten das Haus am Wilhelmshöher Tor, das so schön in Gärten gelegen war, jedoch dem Kurfürsten gehörte, räumen und in eine ungünstigere, teurere Wohnung ziehen, wo der Lärm einer Schmiede und das Trompetenspiel aus einer nahen Kaserne die Arbeit der Wissenschaftler oft unterbrachen.

Lange konnten die Brüder in dieser neuen Wohnung mit ihrer Schwester Lotte, die das Hauswesen betreute, nicht zusammen wohnen. Lotte vermählte sich mit dem Gerichtsassessor Hans Daniel Hassenpflug, der später zum Justizminister in Kassel avancierte. Empfindsam beschrieb Wilhelm in einem Brief: *Wie sie* (Lotte) *im Brautkleid und Myrtenkranz ganz blaß vor innerlicher Bewegung in das Zimmer trat, glich sie so sehr meiner seligen Mutter, die ich nur blaß und kränklich gekannt habe, daß mich schon dieser Anblick zu Tränen brachte.*[171] Sachlicher schrieb Jacob: *Unsere einzige Schwester . . . verließ uns nach der Trauung, so daß wir drei anwesende Brüder* (Jacob, Wilhelm und Ludwig Emil) *jetzt wieder einen halbstudentischen Haushalt führen müssen.*[172]

Mehrfach wechselten dann die Brüder noch ihre Kasseler Wohnungen und bezogen Räume in der Bellevue, der Schönen Aussicht. In einem Brief an Jenny von Droste-Hülshoff schilderte Wilhelm die Lage: *Es stehen uns keine Häuser gegenüber; vor uns, unten im Grund, liegt die prächtige Aue und die Orangerie und rings herum die nahe und ferne Bergkette, dazwischen der Strom ... Wie schön und rein ist der Duft des Morgens und Abends, wie prächtig der reiche Sternhimmel und der aufgehende Mond!*[173]

Diese Räume entbehrten freilich der sorglichen Hand einer Frau. Auch die Gesundheit der Brüder verlangte nach einer gewissen Obhut. Es war ein Junggesellenhaushalt, dem nach der Heirat von Lotte die frauliche Wärme fehlte. Der vierzigjährige Jacob war so sehr mit seiner Forschung verheiratet, daß er nicht mehr nach einer Frau Ausschau hielt. Von Wilhelm aber, der viel geselliger war, konnte man noch eine Ehe erwarten. Gefühle verbanden ihn mit Jenny von Droste-Hülshoff, aber er sah sie zu selten, sie wohnte in Westfalen. Schließlich fiel seine Wahl auf die Kasseler Apothekerstochter Henriette Dorothea Wild, die bereits als Kind den Brüdern aus ihrem Märchenhaus erzählt hatte. Dortchen, wie die Brüder die Erwählte nannten, war neun Jahre jünger als Wilhelm. Am 15. Mai 1825 feierte man die Hochzeit.

Den Freunden gegenüber schilderte Wilhelm seine Frau: *Sie hat in ihrem Wesen und ihrer Gesinnung ... viel Ähnliches mit uns. Meine selige Mutter, mit der sie denselben Namen Dorothee führt, hat sie schon als Kind gekannt und als eigenes geliebt, und meine Geschwister haben sie zu aller Zeit wie eine Schwester betrachtet.*[174] Und an anderer Stelle: *Meine Frau ist heiter von Natur, frei von tausend Dingen, die andern Menschen einen Tag nach dem andern verderben, und sehr gut und liebreich von Herzen, und das nicht bloß gegen mich, auch gegen die andern Brüder, die sie gewiß so sehr lieben, als man eine Schwester nur lieben kann.*[175]

Die Wohngemeinschaft der Brüder blieb erhalten. Dortchen führte fortan für sie das Haus. Es war ein harmonisches Zusammensein, und zwischen Wilhelm und Dortchen wurde es eine gute Ehe, so daß Wilhelm später ausdrücklich bekundete, er *habe niemals aufgehört, Gott für das Glück und Segensreiche der Ehe dankbar zu sein*[176].

Dabei blieben auch dieser Ehe Schicksalsschläge nicht erspart. Im April 1826 wurde ein Junge geboren. Jacob war natürlich der Pate, und so erhielt der Kleine ebenfalls den Namen Jacob. Wenige Monate zuvor hatte auch Schwester Lotte ein Mädchen namens Agnes zur Welt gebracht. Aber beide Kinder hatten nur wenige Monate zu leben und starben kurz hintereinander. Ergriffen vom Leid des Bruders und der Schwester und selbst vom Schmerz erschüttert, schrieb Jacob über den Tod der kleinen Kinder an Freund Meusebach: *Wir sind alle ganz niedergeschlagen ... Nun ist in allen Ecken Leere und traurige Erinnerung. Als ich der Agnes die Augen zudrückte, ahnte ich nicht, daß ich es so bald darauf dem andern Kind, das mich noch näher anging, tun müßte. Beide Kinder waren ungefähr gleich alt, den Sommer mit einander ausgetragen worden und hatten zusammen gehüpft und gelacht. Ihre Krankheiten waren durchaus verschiedene. Den*

Henriette Dorothea Wild. Zeichnung von L. E. Grimm, 1815

Tag, wo Agnes begraben wurde, fing das Pätchen ernstlich an zu kränkeln; wir hielten uns anfangs für gesichert durch die Wahrscheinlichkeit, daß uns der Schlag nicht zweimal treffen könnte und hintereinander. Jetzt liegen sie beide zur Rechten und Linken der seligen Mutter.[177]

Als wären es seine eigenen, liebte Jacob die Kinder seiner Geschwister. Darum freute er sich, der sogar Löckchen von diesen Kleinen gesammelt hatte, daß 1828 seinem Bruder und dessen Frau Dortchen wieder ein Knabe geschenkt wurde, den man auf den Namen Herman taufte. Später hat sich dieser Herman Grimm als Kunst- und Literarhistoriker einen bekannten Namen gemacht. Nach seiner Taufe schrieb Vater Wilhelm: *Das Kind ... hat vom Jacob, der der einzige Pate ist, den Namen Herman Friedrich erhalten, nach den beiden Großvätern.*[178]

Die harmonische Hausgemeinschaft der drei hatte durch das neue kleine Lebewesen noch gewonnen. Die Brüder führten, zwischen Bibliothek und ihren heimischen Arbeitszimmern hin und her wandernd, ein ausgefülltes Leben. Nach Feierabend gingen dann noch zahlreiche Briefe zu ihren auswärtigen Freunden, zu Benecke und Lachmann, zu Savigny und dem Jugendfreund Wigand. Ab und zu kamen auch Gäste.

Wilhelm erwähnt 1824: *Mancherlei Besuch haben wir diesen Sommer gehabt, unter andern auch Frau von Arnim.*[179] Und 1827: *Wir haben seit ein paar Wochen einen gelehrten Besuch über den andern gehabt.* Darunter war auch August Wilhelm Schlegel: *... er reichte uns die duftenden Blüten asiatischer und deutscher Poesie mit brillantenen Fingern dar.*[180] Früher schon hatten Ludwig Tieck und der Däne Adam Gottlob Oehlenschläger Kassel aufgesucht.

Die Brüder nahmen sich auch immer wieder Zeit, um auf Spazierwegen Sonne und Landschaft zu genießen. Hier nur ein Beispiel für den Naturfreund Jacob, der um schwarze Körner ein Papier faltete und darauf schrieb: *Samen eines armen Unkrautpflänzchen, das ich im Sommer 1821 vor dem Verderben und Verdörren rettete, daß es hernach so fortkam und wucherte, daß es eine ganze Scherbe deckte. Es ist Rankicht und trägt kleine Sternblüten und hatte unzählig viel Samenkapseln ... Aus einer Pflanze sind also sicher fünfhundert neue, junge zu ziehen.*[181]

Wie Jacob hier die Wunder der Natur an einer unscheinbaren Pflanze ergründete, so sah Wilhelm seinen Weg oft als poetische Landschaft: *Ich ging, wie ich es gerne tue, bei einbrechender Nacht, an einem von den lauen und milden Abenden hinab in die Aue zu dem Wasser, weil ich das besonders gerne betrachtete. Mich erfreut immer das reine, leicht bewegliche Element. Die Trauerweiden hatten noch alle ihr Laub, nur war es hellgelb geworden, und die dünnen Zweige trieben sich mit sichtbarem Vergnügen in der Luft langsam hin und her. Im Osten leuchteten durch die Fichten und Tannen ein paar dunkelrote Streifen, während die andern schon in tiefer Dämmerung steckten. Nun schienen die Schwäne erst recht lebendig zu werden, zogen auf dem Spiegel hin und her, ihr Weiß leuchtete durch die Dunkelheit, und sie sahen wirklich wie übernatürliche Wesen aus, so daß ich mir die Nixen und Schwanenjungfrauen lebhaft vorstellen konnte, bis es endlich finstere Nacht wurde.*[182]

Nein, die Brüder Grimm waren keineswegs Stubenhocker. Sie reisten in diesen Kasseler Jahren auch wiederholt in die deutschen Lande hinaus, besuchten in verschiedenen Städten Bekannte, Freunde, sahen sich Werke der Architektur und Gemäldegalerien an, freilich immer wieder auch Bibliotheken, um die jeweiligen Bestände für ihre eigenen wissenschaftlichen Arbeiten zu erkunden.

Kehrten sie dann in die häusliche Gemeinschaft nach Kassel zurück, so fanden sie es wohltuend, wenn hier ihre psychischen und körperlichen Anfechtungen durch Dortchens frauliche Güte gemildert wurden. Sie hatten nicht den Wunsch, diese Lebensart zu verändern. Sie gehörten mit ihren neuen Büchern jetzt zu den führenden Köpfen der Germanistik und wären zufrieden gewesen, hier in Kassel ihre Arbeit weiter tun zu können. Da geschah etwas, das ihr Ehrgefühl schwer verletzte und sie zwang, die Stellung in Kassel aufzugeben.

Im Januar 1829 erkrankte unser Kollege Völkel, schrieb Jacob, *zwar ein alter Mann, aber dem wir noch gern zehn Jahre gegönnt und zugetraut hätten, und starb den 31. Januar.*[183] *Durch Völkels Tod war die Stelle eines Oberbibliothekars und Aufsehers der Antiken erledigt. Wir hatten gerechtesten Anspruch ... Beide Stellen erhielt aber ein Mann, der sich bisher weder mit Altertümern noch mit Bibliothek beschäftigt hat ... der Historiograph Rommel, ein schon gut besoldeter, wohlhabender Mann. Das war zu arg; und für die Zukunft blieb uns gar nichts mehr zu hoffen übrig.*[184]

Jacob, der nie auf einen glanzvollen Titel oder eine großartige Bezahlung erpicht gewesen war, meinte, die freigewordene *Stelle hätte von Gott und Rechts wegen hier niemand gebührt als mir. und dem Wilhelm dann die meinige, da wir genaue Sach- und Lokalkenntnisse besitzen, 23 und respektive 15 Jahr dienen und gering besoldet sind*[185].

Von der Zurücksetzung in ihrem Rechtsempfinden tief getroffen, fanden es die Brüder unzumutbar, unter dem unkundigen Rommel die Bibliotheksgeschäfte weiter zu erledigen. Als sie im gleichen Jahr ein Ruf an die Bibliothek und Universität Göttingen erreichte, nahmen sie an und ersuchten den hessischen Kurfürsten, sie aus seinem Dienst zu entlassen.

Unser am Mittag eingereichtes Abschiedsgesuch, schrieb Wilhelm dem Freund Meusebach, *erhielten wir schon am andern Morgen gewährt, die einzige schnelle Beförderung, der wir uns im hessischen Dienste zu erfreuen gehabt. Der Kurfürst hat geäußert: «Die Herrn Grimms gehn weg! Großer Verlust! Sie haben nie etwas für mich getan!» ... Den 2. November 1829 um halb zwölf Uhr habe ich das letzte Buch, ein juristisches, aufgestellt und von der ganzen Gesellschaft, die nahe an sechzehn Jahr mein täglicher Umgang war ... Abschied genommen.*[186]

So obenhin ließ der leichtlebige hessische Kurfürst Wilhelm II. die Brüder Grimm ziehen. Was wußte er schon von dem großen Werk, das die Brüder neben ihrer bibliothekarischen Alltagsarbeit in den Kasseler Jahren geschaffen hatten?

Neben der Vollendung des Märchenwerkes mit dem 3. Band (1822) und der Drucklegung der *Deutschen Sagen* waren Jacob und Wilhelm in dieser gemeinsamen Kasseler Zeit noch mit einem weiteren Buch beschäftigt. Nach einer in London erschienenen Ausgabe übersetzten sie *Irische Elfenmärchen* (1826).

Es ist mancher hübsche unschuldige und rührende Zug des menschlichen Herzens darin erzählt [187], schrieb Wilhelm, dem die beigegebene Einleitung über die Elfen hauptsächlich zu danken ist. Er war bei seiner dichterischen Empfänglichkeit von dem *stillen Volk* besonders angetan: *Die Elfen, die in ihrer wahren Gestalt kaum einige Zoll hoch sind, haben einen luftigen, fast durchsichtigen Körper, der so zart ist, daß ein Tautropfen, wenn sie darauf springen, zwar zittert, aber nicht auseinander rinnt. Dabei sind sie von wunderbarer Schönheit, Elfen sowohl als Elfinnen, und sterbliche Menschen können mit ihnen keinen Vergleich aushalten.* [188]

Mehr und mehr lösten sich nun allerdings die Brüder von den gemeinsamen Arbeiten, und jeder bemühte sich darum, sein eigenes Feld zu bestellen. Darunter litt aber weder die Liebe der Brüder zueinander noch die häusliche Gemeinschaft.

Ein Abstand unserer Naturen, worüber wir allmählich erst uns klar geworden sind, fing an, sich geltender zu machen, deutete Jacob die Situation. *Von Kindesbeinen an hatte ich etwas von eisernem Fleiße in mir, den ihm* (Wilhelm) *schon seine geschwächte Gesundheit verbot. Seine Arbeiten waren durchschlungen von Silberblicken, die mir nicht zustanden. Seine ganze Art war weniger gestellt auf Erfinden als auf ruhiges, sicheres in sich Ausbilden ... Den Ulfilas, Otfried, Notker und andere Hauptquellen vom ersten bis zum letzten Buchstaben genau zu lesen, hat er nie unternommen noch vollführt, wie ich es oft tat und immer wieder tue, niemals ohne zu entdecken. Ihm genügte, Stellen aufzuschlagen, die er im besondern Fall zu vergleichen hatte. An der grammatischen Regel lag ihm jedesmal nur soweit, als sie in seine vorhabende Untersuchung zu gehören schien, und dann suchte er sie festzuhalten. Wie hätte er darauf ausgehen wollen, die Regeln selbst zu finden, zu überbieten und zu erhöhen? Ihm gewährte Freude und Beruhigung, sich in der Arbeit gehen, umschauend von ihr erheitern zu lassen, meine Freude und Heiterkeit bestand eben in der Arbeit selbst.* [189]

Jacob, fasziniert von der Sprache, schlug seinen eigenen Weg ein und wurde der geniale Sprachforscher seiner Epoche. Bei seinem ungestümen Arbeitswillen ging er geradezu von religiösen Vorstellungen aus: *Gott will doch, daß wir auf Erden leben und unsre Zeit erfüllen.* [190] Oder: *Gott hat die Welt geschaffen und das Leben gesetzt, unsere Wissenschaft besteht auch darin, die mannigfalten Verhältnisse und Gesetze dieses Lebens zu erkennen.* [191]

Lange bevor der erste Band seines sprachwissenschaftlichen Werkes erschien, schrieb Jacob 1817 an Arnim: *Ich habe das letzte Jahr über fast ausschließlich die deutsche Grammatik studiert, und wenn das Lernen nicht befangen macht, sondern erweitert und fortführt, so habe ich immer deutlicher gesehen, welche Stärke und Macht Gott in der Sprache bezeugt hat und wie wenig es den Menschen gebührt oder gelingt, sich der Geschichte dieses natürlichen Stoffs zu widersetzen. Das Höchste ist, überall in allen Dingen Gott zu suchen und zu finden, und seine Spur webt eben in allem Natürlichen und Wirklichen.*[192]

Vor Jacob Grimm hatten sich schon andere Gelehrte und Dichter an sprachwissenschaftliche Probleme herangetastet, so im deutschen Bereich Adelung mit seinem «Grammatisch-kritischen Wörterbuch der hochdeutschen Mundart» (1774–86), Klopstock mit der «Deutschen Gelehrtenrepublik» (1774), Herder mit der «Abhandlung über den Ursprung der Sprache» (1772) und den «Briefen zur Beförderung der Humanität» (1793–97) sowie Friedrich Schlegel mit seiner Arbeit «Über die Sprache und Weisheit der Indier» (1808).

Aus langer Gewohnheit einsam und still[193] mied Jacob die ablenkende Geselligkeit, wie sie Wilhelm mitunter pflegte. Dagegen unterhielt er über sprachliche Fragen einen desto ausführlicheren Briefwechsel mit anderen Fachgelehrten, mit dem Göttinger Professor George Friedrich Benecke, der Vorlesungen über altdeutsche Literatur auf der Universität eingeführt hatte, und mit dem Königsberger Altphilologen und Germanisten Karl Lachmann.

An diesen schrieb er: *Lassen Sie uns auf diesem Wege fortfahren und bald wird ein philologisches Fundament entstehen, welches dem Publikum mehr Zutrauen einflößen soll als das Geschwätz und die Halbwisserei, die bisher ihr Spiel mit der altdeutschen Literatur getrieben haben.*[194]

Dabei darf man sich Jacob bei diesem Mauerwerk, mit dem er das Gebäude für eine neue Wissenschaft errichtete, keineswegs als reinen Verstandesmenschen vorstellen. Es gab Stunden, wo er seinen besten Freunden etwas scheu gestand, daß ihm manchmal *lebensmüde zumut* sei und daß er sich gewaltsam von solchen *träumerischen, weichen und verschlossenen Gedanken*[195] lösen müßte.

Bereits 1816 hatte Jacob seine *grammatischen Sammlungen neu durchgearbeitet*[196], hatte im darauffolgenden Jahr *die Grammatik der ältesten deutschen Sprachdenkmäler durchgenommen und manches Überraschende gefunden*[197]. Als er nun den ersten Teil der *Deutschen Grammatik* (1819 erschienen) herausgab, ging er recht eigenwillig vor. Er gab dem Verlag nicht ein fertiges Manuskript in die Hand, sondern schrieb immer nur einen Bogen für die Druckerei fertig, so daß der Druck jeweils dem Entstehen des Manuskripts folgte. *Es ist von Januar 1818 vierzehn Monate lang daran gedruckt worden, und da das Buch nie im ganzen aufgesetzt war, sondern bogenweise hintereinander geschrieben werden mußte, so erklärt sich aus allem dem die Ungleichheit und Mangelhaftigkeit der Anordnung*, sagte Jacob selbst. Aber da er sich auf einem Neuland wußte, fügte er gleich hinzu: *Etwas Fertigeres jetzt schon und auf einmal zu verlangen, wäre ungerecht und töricht.*[198]

In diesem ersten Band, der hauptsächlich der Flexion gewidmet war, ging es Jacob aber nicht nur um die Formen. *Das Werk soll nicht sowohl eine Grammatik, wie eine Geschichte der Sprache sein*[199], bemerkte Jacob über sein Vorhaben. Beileibe wollte er keine Sprachlehre für die Schule schaffen, kein Regelwerk für den häuslichen Bedarf. Es ging ihm nicht darum, sprachliche Vorschriften für den täglichen Gebrauch zu erlassen, vielmehr wollte er *einer historischen deutschen Grammatik*[200] dienen.

In einem Brief an Arnim formulierte Jacob seine Absicht so: *Die Anatomie und Naturgeschichte ehrst Du gewiß, die Chemie hast Du früher selbst betrieben; ebenso wunderbare Stoffe und Mischungen liegen in der Sprache und in ihrer Geschichte; es macht ... großes Vergnügen, sie zu erkennen und aufzulösen.*[201] Und in der Vorrede zu seinem ersten Grammatikband sagte Jacob, es sei sein vornehmstes Ziel gewesen, zu beweisen, *daß und wie alle deutsche Sprachstämme innigst verwandt und die heutigen Formen unverständlich seien, wo man nicht bis zu den vorigen, alten und ältesten hinaufsteige, daß folglich die gegenwärtige grammatische Struktur nur geschichtlich aufgestellt werden dürfe*[202].

Diese geschichtliche Betrachtungsweise aber wurde für Jacob Grimm, der sich auf eine Überfülle an Material stützte, zu einer Entdeckungsreise, die in gelehrten Kreisen hohes Aufsehen erregte. Auch Wilhelm von Humboldt stimmte in den Beifall ein.

Jacob hätte sich jetzt am liebsten dem zweiten Teil zugewandt. Aber der erste Band war nahezu vergriffen und sollte nun in Neuauflage erscheinen. Jacob nahm sich also den ersten Teil noch einmal vor und arbeitete ihn völlig um. Seine Arbeitsweise ähnelte jener der früheren Auflage: *Ich muß zur Stelle bleiben, weil ich sub dato alles mein Manuskript ... wegschicke und der Setzer schwerlich zwei Bogen damit füllt. Dieser hungrige Vogel will aber gespeist sein. Es ist buchstäblich wahr, daß ich weder konzipiere, noch gewöhnlich durchlese, was geschrieben ist (außer bei der Korrektur, die aber schnell geschieht) ... Doch schreibe ich sehr langsam nieder, manchmal eine Seite nur täglich; manchmal in drei, vier Tagen keinen Buchstaben, wie eben jetzt. Die Sachen überlege ich, selten die Worte.*[203]

Als 1822 die Neuauflage des ersten Teils erschien, sagte Jacob, *es ist darin keine Zeile der vorigen stehen geblieben*[204]. So gründlich hatte er unter Heranziehung neuer Quellen *von den Buchstaben* gehandelt. Es war eine *Buchstabenweisheit*[205] geworden, eine umfassende Lautlehre, in die auch das Gotische, das Englische und die skandinavischen Sprachen einbezogen waren. Es wurde also mehr eine germanische als eine auf das Deutsche beschränkte Grammatik. Besonders wichtig war es, daß Jacob nach Vorarbeiten des dänischen Sprachforschers Rask hier das Sprachgesetz der germanischen und hochdeutschen Lautverschiebung erkannte, das später nach seinem Entdecker schlechthin «Grimms Gesetz» genannt wurde.

Wie ein Naturforscher war Jacob auch in diesem Band von weit über tausend Seiten vorgegangen. So wie ein Botaniker das Wachstum einer Pflanze ergründet, wollte Jacob Grimm den Gesetzen auf die Spur kommen, nach denen sich die Sprachen entfaltet haben. Das Walten des Sprachgeistes zu erfassen war sein Vorhaben.

Bald nach Fertigstellung dieser Neuauflage ging nun Jacob den zweiten Teil der *Deutschen Grammatik* an. *Ich hebe mit der Wortbildung an*, sagte er, *und in ihr mit dem Einfluß der Laute und Ablaute auf unsre Sprache.*[206] Wieder schrieb er für den Setzer laufend seine Bogen, über zwei Jahre hindurch, bis der Band, abermals über tausend Seiten stark, 1826 ausgedruckt

Jacob Grimm. Zeichnung von L. E. Grimm, 18. November 1817

Wilhelm Grimm. Zeichnung von L. E. Grimm. Original verschollen

war. *Das Buch trägt mir mehr Frucht*, stellte Jacob fest, *als ich je gedacht hatte, und was darin Gutes ist, hätte ich, ohne den Mut es auszuarbeiten, selber nie gelernt. Kleinlich und trocken lasse ich mir solche Untersuchungen auch nicht schelten, sie hängen mit den wichtigsten Resultaten zusammen und ich wüßte keine Arbeit in irgendeinem Fache, die nicht gradeso, wenn sie nicht täuschen will, Fleiß im kleinen forderte.*[207]

Zwischen diesen Arbeiten hatte Jacob noch die *serbische Grammatik* des Wuk Stephanowitsch als Frucht seiner slawischen Studien verdeutscht (1824). Bevor er sich nun der Fortsetzung der *Deutschen Grammatik* zuwandte, war er *zur Erholung von dem Wörterwust hinter eine andere, längst bedachte Arbeit über das altdeutsche Recht geraten*[208]. Jacob, der ja von Haus aus Jurist war, hatte schon seit Jahren seine Schubladen mit *reichlichen Kollektaneen über das deutsche Recht*[209] gefüllt. In diesen alten Rechtsentscheidungen war viel volkskundliches Material enthalten, das Jacob sichtbar machen wollte, weil man daraus Bräuche, Sitten und Lebensart der Vorfahren kennenlernen konnte. Die *Deutschen Rechtsaltertümer* (1828) wurden dann wieder ein Opus von nahezu tausend Seiten.

Jacob strebte danach, nicht nur all die Normen darzustellen, die für das Zusammenleben unserer Vorfahren galten, wobei er sich über *die naiven Züge in der altdeutschen Rechtssprache*[210] freute; vor allem wollte er auch einen Beitrag zu einer Rechtsreform leisten. In einem Zeitalter, in dem sich Volk und Regierung oft feindlich gegenüberstanden, sollte das einheimische Recht gegenüber dem römischen Recht stärkere Geltung erhalten.

Kaum lagen die *Rechtsaltertümer* vor, machte sich Jacob an den dritten Teil seiner *Deutschen Grammatik*. Dieser gelangte dann aber ebenso wie ein abschließender vierter Teil erst in der nächsten Lebensstation der Brüder Grimm, in Göttingen, zum Druck.

Aber schon mit den beiden ersten Teilen war Jacob, wie Arnim öffentlich bekundete, «unser berühmtester Grammatiker»[211] geworden. Wilhelm hatte dagegen in diesen Kasseler Jahren andere eigenständige Themen für seine Arbeit gefunden. Er veröffentlichte zunächst ein Buch *über deutsche Runen* (1821). *Sein Verdienst ... besteht darin, einige noch unbekannte Runenalphabete aus Handschriften, die wenigstens so alt sind als die ältesten noch erhaltenen Runendenkmäler im Norden, bekannt gemacht und ihre Übereinstimmung und Verwandtschaft mit den angelsächsischen Runen gezeigt zu haben.*[212] Das Buch war als *Beitrag zu der Geschichte der Entwickelung des Alphabets*[213] gedacht.

Dem gleichen Thema galt dann Wilhelms Arbeit *zur Literatur der Runen* (1828).

Mittlerweile war Wilhelm wie andere seiner Fachgenossen erneut darangegangen, Literaturschätze herauszugeben, die in den mittelalterlichen Handschriften noch unerschlossen ruhten. Als Freund des Dichterischen wollte Wilhelm solche Seiten auf wissenschaftlicher Basis allgemein zugänglich machen und publizierte die mittelalterliche Kreuzzugsdichtung *Grâve Ruodolf* (Graf Rudolf, 1828). *Ich habe zehn alte Pergamentblätter ... durch ein chemisches Mittel wieder lesbar gemacht*, schrieb Wilhelm, *und da wies sich aus, daß es Bruchstücke eines Gedichts aus Barbarossas Zeit waren.*[214] Bruder Jacob veröffentlichte darüber eine Rezension: *Der Herausgeber hat alles sehr sorgfältig, zweifelhafte Wörter mit liegender, zugefügte Ergänzungen mit roter Schrift abdrucken lassen.*[215]

Das Hauptwerk Wilhelms aber war *Die deutsche Heldensage* (1829). *Gegenwärtiges Buch besteht aus zwei Abhandlungen,* führte Wilhelm aus, *wovon die erste bei weitem den größten Raum einnimmt. Sie enthält Zeugnisse über die deutsche Heldensage durch einen Zeitraum von mehr als tausend Jahren. Dieser geschichtliche Überblick ist ein Vorteil ... und niemand wird zweifeln, daß die Beobachtung der Veränderungen, welche die Sage auf diesem langen Wege erlitten, zu überraschenden Resultaten führen muß. Die Zeugnisse, meist, doch nicht streng, chronologisch geordnet, sind in drei Perioden eingeteilt. Die erste fängt mit Jornandes an, die zweite mit den Gedichten des Mittelalters im 12. Jahrhundert, die dritte mit dem 16. Jahrhundert; sie verfolgt die letzten Spuren der allmählich schwindenden Sage ... Die zweite Abhandlung beschäftigt sich mit dem Ursprunge und der Fortbildung des deutschen Epos.*[216]

Mit diesem Werk lenkte Wilhelm weitere Kreise auf die alten Heldensagen: die Gestalten des Nibelungen- und Gudrunliedes, des Dietrich- und Wieland-Sagenkreises. Immer mehr Autoren interessierten sich für diese Überlieferung und schufen für Jugend und Volk neue Fassungen der Heldensage. Auch große Dichter, Künstler und Musiker ließen sich in ihrem Schaffen davon anregen, so daß die Arbeit von Wilhelm vielfältige Frucht trug.

Er selbst hat sich dann am Ende seiner Kasseler Zeit nochmals darangemacht, das dort verwahrte Hildebrandslied als ältestes Zeugnis der Heldensage herauszugeben (*De Hildebrando antiquissimi carminis teutonici fragmentum*, 1830), gleichsam als *Abschiedsschrift*[217]. Es sollte nach den damaligen technischen Möglichkeiten eine Faksimileausgabe werden: *In der Übertragung der Zeichnung auf den Stein ist geschehen, was möglich war ... Um den Eindruck des Originals noch vollkommener zu erreichen, wurde durch eine zweite sogenannte Tonplatte die Farbe des alten, gebräunten Pergaments wiedergegeben.*[218]

Mit all diesen Werken hatten sich die beiden bescheidenen Kasseler Bibliothekare in der dichterischen und gelehrten Welt ihrer Tage einen angesehenen Namen gemacht. Es mehrten sich die wissenschaftlichen Gesellschaften, die sie in ihren Kreis beriefen, ehrende Diplome bestätigten ihren Rang. So wurde Jacob 1828 von der Universität Berlin mit der Würde eines Ehrendoktors ausgezeichnet; ein Jahr darauf folgte Breslau. Es war daher für die Brüder bitter, daß sie bei ihrem obersten Dienstherrn, dem hessischen Kurfürsten Wilhelm II., nichts galten. Es war für sie trotzdem nicht leicht, von dem für sie so ergiebigen Kasseler Boden zu scheiden.

GÖTTINGER PROFESSOREN

1830–1837

An das Kurfürstentum Hessen grenzte im Norden das Königreich Hannover. Von dort kam der offizielle Ruf zu den Brüdern Grimm im Oktober 1829. Man bot ihnen in Göttingen einen Wirkungskreis an. Jacob wurde als ordentlicher Professor und Bibliothekar berufen, Wilhelm erhielt am gleichen Ort eine Stelle als Bibliothekar. Tausend Taler wurden Jacob zugebilligt, Wilhelm fünfhundert. Da die Brüder wieder einen gemeinsamen Haushalt führen wollten, waren die Geldsorgen behoben.

Die Strecke von Kassel nach Göttingen war nicht allzu weit. Aber als sich dann die Brüder Ende 1829 mit der Kutsche auf den Weg machten, war ihnen gar nicht wohl zumute. *Wer kann einen Ort*, sagte Wilhelm, *wo er neunundzwanzig Jahre, also den größten Teil des Lebens zugebracht, ohne Bewegung verlassen, und ich hatte so manches dort erfahren! Mutter, Kind, andere nah verwandte, geliebte Menschen liegen dort begraben.*[219] Auch Jacob hatte Bedenken geäußert und dem Freiherrn vom Stein geschrieben: *Mein Wirkungskreis wird sich erweitern, doch hätte mir eine stille Anstellung bei einem größeren Archiv fast mehr zugesagt.*[220] Noch Jahre später bekannte Jacob: *Aus Hessen zu weichen wurde mir gewaltig schwer.*[221]

Nur zögernd lösten sich die Brüder vom Land ihrer Herkunft. In der ersten Zeit hausten sie bei ihrem Freund Benecke. Im Frühjahr fanden sie dann in der Allee, einer sonnenhellen Straße, eine schöne Wohnung, wo sie auch für ihre Arbeitsstuben und ihre Bücher genügend Raum hatten. Von hier aus war es nicht weit zu ihrer Wirkungsstätte, der Bibliothek.

Hier versuchten nun die Brüder zusammen mit Wilhelms Frau Dortchen sich in die neuen Verhältnisse einzugewöhnen. Wilhelms Sohn Herman bekam 1830 einen Bruder, den man Rudolf nannte, und 1832 wurde noch die Schwester Auguste geboren, so daß die heranwachsenden Kinder Abwechslung und Fröhlichkeit in den Haushalt brachten.

Aber das private Leben wurde bald überschattet durch die politischen Ereignisse, die Europa erregten. In diesem ersten Göttinger Jahr flammte die französische Juli-Revolution (1830) auf, in deren Verlauf der Bürgerkönig Louis-Philippe an die Macht kam. Jacob schrieb: *In den letzten Monaten kamen die Weltereignisse dazwischen, über welchen einem die eignen Angelegenheiten klein und nicht der Rede wert erscheinen.*[222] Auch Wilhelm machte sich über den Geist der Zeit Sorgen: *Was am meisten niederschlägt, ist die Betrachtung, daß, wenn nun die industrielle Richtung und das Bestreben nach kaufmännischem Wohlergehen allerorten überhandnimmt, eine immer größere Geringschätzung der höheren geistigen und wissenschaftlichen Bildung eintreten und eine glänzende Roheit ... herrschen werde.*[223]

Die französische Revolution brachte auch Unruhe in eine Reihe von deutschen Ländern. In Göttingen wurde gegen den Druck von Polizei und Steuern opponiert, es kam 1831 zu einem Aufstand. Als Ergebnis entstand schließlich zwischen König und Ständen ein Staatsgrundgesetz (1833), das verfassungsmäßig das Verhältnis zwischen Regierung und Volk regel-

te. Damit schien hier im Königreich Hannover eine Beruhigung eingetreten zu sein.

Mittlerweile hatten sich die Brüder in ihren Göttinger Kreis eingelebt. *Über sechzig Besuche waren zu machen und wieder zu empfangen, die wenigsten darunter konnten mit Visitenkarten abgetan werden.*[224] Trotz dieser Vielzahl beschränkten die Brüder ihren Umgang auf wenige Kollegen. *Ich gehe am meisten und liebsten mit dem Historiker Friedrich Christoph Dahlmann und seiner Familie um,* sagte Wilhelm, *es ist ein offener, geistreicher und lebendiger Mann, der dabei einen gewissen nordischen*

Wilhelm und Jacob Grimm als Bibliothekare in Kassel.
Lithographie von Hanfstaengl nach einer Zeichnung von
L. E. Grimm, 1829

Ernst ... bewahrt.[225] Auch mit dem Juristen Gustav Hugo, dem Altertumsforscher Karl Otfried Müller, den Rechtsgelehrten Friedrich Blume und Wilhelm Albrecht, dem Orientalisten Heinrich Ewald, dem Juristen Johann Göschen, dem Theologen Friedrich Lücke und später mit dem Literarhistoriker Georg Gervinus pflegten die Brüder persönliche Beziehungen. Die Familienangehörigen der Professoren gehörten zu diesem Bekanntenkreis. So konnte Jacob mit Recht feststellen: *Wir sind von allen Kollegen zu Göttingen freundschaftlich aufgenommen worden.*[226]

Allerdings hielten sich die an einfache Lebensführung gewohnten

Grimms von einem Stamm alteingesessener Professoren zurück. Diese gaben sich *in der Weise veralteter Diplomaten, die es für Pflicht hielten, wichtig zu tun, wenn auch keine Ursache dazu vorhanden war. Ihr Umgang ist unerquicklich, ihre Soupers sind luxuriös und langweilig, wir waren bald entschlossen, uns auf dergleichen nicht einzulassen.*[227]

Lieber besprachen sich die Brüder ohne ausgiebige Tafelfreuden mit den näherstehenden Kollegen über Fachfragen oder über literarische Dinge, zudem die Welt der Literatur damals (1832) durch Goethes Tod erschüttert wurde. *Einen Mann wie Goethe werden wir nicht wieder bekommen*[228], klagte Wilhelm.

Im übrigen waren die Tage der Brüder mit der Arbeit an der Bibliothek ausgelastet. Dem bibliothekarischen Fachgenossen und Slawisten Bartholomäus Jernej Kopitar berichtete Jacob nach Wien: *Die Bibliothek ist reich und vielgewährend, aber die stille Muße, deren ich zu Kassel genoß, scheint unwiederbringlich verloren. Die Bibliothek fordert jeden Tag sechs Stunden angestrengter Arbeit, die ersten Kataloge waren so enge angelegt, daß unaufhörlich daran umgearbeitet werden muß; ich lese nur ein Kollegium, aber dies macht mir bei der Neuheit und Ungewohntheit der Sache ziemliche Mühe, durch alles wird mir die noch übrige Zeit zersplittert, so daß ich den dritten Teil meiner Grammatik . . . seitdem liegen lassen mußte.*[229]

Für Jacob ergab sich das Problem, wie er seine Zeit zwischen Bibliothek, Forschung und Lehrstuhl verteilen sollte. Da bei diesen mehrfachen Aufgaben die Forschung zu kurz zu kommen drohte, diese aber Jacobs Natur am meisten entsprach, hören wir aus dieser Zeit immer wieder seine Klagen: *Ich spüre, daß mir zu viel Arbeit aufgebürdet worden ist, und sehne mich täglich in das stille Kassel zurück. Die hiesige Bibliothek ist eine allzu große Moles.*[230] Auch mit dem Oberbibliothekar Reuß verstand sich Jacob nicht gut: *Solange Reuß da ist, wird es mir nicht recht heimlich werden können; er ist ein höchst eigensinniger, kleinlicher Mann, der an den wunderlichsten Grillen hängt.*[231] Er klagte: *Diese Bibliothek ist ein stets umlaufendes Rad, oder ein stets hungriges Tier.*[232]

Ähnlich, aber doch zugleich interessiert schrieb Wilhelm über seine Tätigkeit an der gleichen Bibliothek: *Arbeit ist immer vollauf, so daß nicht leicht eine Viertelstunde an Lektüre könnte verwendet werden . . . Alle Kraft wird auf Umarbeitung der Kataloge und immer feinere Unterscheidung der Bücher verwandt . . . Das erste Bedürfnis unserer Bibliothek scheint mir eine Revision, welche die Lücken, die in einigen Fächern sehr bedeutend sind, anzeigte und ausfüllte.*[233]

Halb scherzhaft schrieb Jacob über die Göttinger Anfangszeit an den Freiherrn Joseph von Laßberg, den Germanisten, der später Jenny von Droste-Hülshoff heiratete und es sich leisten konnte, als Privatgelehrter auf einem Landsitz zu leben: *Zum Leben gehören noch andere Dinge. Außer Essen, Trinken, Zeitunglesen, viertelstundenlangem Kosen und Tändeln mit meines Bruders Kindern traf diesen Sommer noch Extraordinarie zusammen: Besuche und Einladungen von Seiten der Kollegen, Besuche von durchreisenden Bekannten und Unbekannten, Besuch meiner Schwester und meines Schwagers mit ihren Kindern. Nun fragt sichs nach den Privatarbeiten, zu denen der innere Trieb am größten ist: Grammatik*

George Friedrich Be-
necke. Zeichnung von
L. E. Grimm

Geb. den 10 ᵗᵉⁿ Junius 1762.

Göttingen: Univer-
sitäts- und Biblio-
theksgebäude. Kup-
ferstich von H. Chr.
Grape, um 1815

Der große Bibliothekssaal in Göttingen. Aquarellierte Federzeichnung von F. Besemann

III ... *liegt seit März still, weil ich kein Manuskript mehr ausarbeiten kann* ... *Zwanzig umständliche Rezensionen, die ich gerne schreiben würde, wäre Zeit da, hundert neue Bücher, die ich notwendig lesen, studieren, exzerpieren muß: umständliche Antworten auf Briefe von Lachmann, Schmeller, Kopitar, Laßberg, Mone, Hoffmann, Bopp, Wackernagel u. a., die mir mein Schweigen vielleicht übelnehmen, obgleich hunderterlei zu berühren ist und mich einzelnes auf tagelange Untersuchungen führen kann* ... *Wenn man aber oft vier, fünf Tage hintereinander von den Tischen, Bänken und Schränken nicht loskommt, um eine Viertelstunde auf den Wall unter die Bäume zu laufen, so lebt und arbeitet man zwar immer noch vergnügt und glücklich fort, aber sehnt sich doch nach einem ruhigeren, seligeren Zustand, in dem man viel mehr Bleibendes und Dauerndes hervorbringen würde.*[234]

Günstiger wurde es dann für Jacob, als man ihm 1832 Erleichterungen im bibliothekarischen Dienst gewährte und ihn zwei Jahre danach überhaupt von diesen Pflichten entband. So konnte er sich endlich ganz der Arbeit als Dozent und Forscher hingeben; inzwischen hatte man ihn auch zum Hofrat befördert.

Bei der Antrittsvorlesung, die Jacob Grimm im November 1830 der Gepflogenheit nach in lateinischer Sprache hielt, handelte er vom Heimweh (*De desiderio patriae*).[235] Es kam darin nicht nur zum Ausdruck, was

Friedrich Christoph Dahlmann.
Lithographie von P. Rohrbach

Jacob für das Land seiner Geburt empfand. Sein Hauptanliegen war, darzutun, wie sehr die Muttersprache den Menschen mit seiner Heimat verbindet.

Die Zahl der Hörer war damals natürlich begrenzt. Und wenn Jacob einmal 32, ein andermal 58 Studenten in seinem Kolleg zählte, so war das schon eine beträchtliche Zahl. Hager und klein stand der Dozent vor diesem Kreis; er hatte keine imponierende Gestalt, manchen störte auch die rauhe Stimme mit dem hessischen Klang. Während Jacob ohne ein Kollegheft mit lebhaften Bewegungen vortrug und nur manchmal einen Merkzettel zu Hilfe nahm, weil er den Stoff parat hatte, fiel es den Hörern nicht ganz leicht, dem Professor zu folgen. Jacob sagte von sich selbst einmal: *Meiner Natur entspricht zu lernen, nicht zu lehren.*[236] Und so wurden denn im Vortrag seine Bilder, wie der Literarhistoriker Karl Goedeke, einer seiner Schüler, sich erinnerte, oft «hastig ruckweise hingeworfen und unterbrachen fast befremdend die nie versiegende Fülle der tatsächlichen Angaben» («Göttinger Professoren», 1872).

Trotzdem ging etwas Faszinierendes von dem Charakterkopf mit den scharfen Zügen, den ergrauenden langen Locken und den eindrucksvollen blauen Augen aus, der da über deutsche Rechtsaltertümer, grammatische Probleme, Literaturgeschichte und Urkundenlehre las. Es waren Stoffe, die aus der eigenen Forschungsarbeit Jacobs hervorgegangen waren, so daß er seinen Studenten das Material aus erster Hand bieten konnte. Je mehr man Jacob seine Arbeit an der Bibliothek erleichterte, desto nachhaltiger vermochte er diese Kollegstunden durchzuformen. Daneben hatte der Dozent noch an Verhandlungen des Senats teilzunehmen und wurde zu Prüfungen für die Lehramtskandidaten herangezogen. Die Universität, die früher so stark die Altphilologie in den Vordergrund gerückt hatte, wurde immer mehr auch für die Germanistik erobert.

Erschwert wurde die Arbeit Jacobs in diesen Jahren aber häufig durch persönliche Gründe. Bruder Wilhelm, der mit Jacobs Leben so innig verbunden war, hatte in Göttingen wieder schwere Krankheiten zu überstehen. Die Sorge um den Bruder, der besonders 1831 und 1834 darniederlag, bedrückte Jacob schwer. So schrieb er 1831 über den kranken Wilhelm: *Mit einemmal erfolgte Husten und Blutauswurf, ein gefährliches Zeichen der Lungenentzündung, es wurde ihm schnell zur Ader gelassen und eine dicke gelbe Haut war auf dem Blut. Nun trat mehrere Tage heftiger Schweiß ein bis zur größten Ermattung, und sein Leben schwebte in augenscheinlicher Gefahr.*[237] Jacob meinte es wortwörtlich, als er sagte: *Wie nah standen wir am Rande des Abgrunds, der alle unsere Freude verschlungen hätte.*[238] Und 1834 klagte Jacob: *Anfangs Oktober wird der gute Wilhelm ... plötzlich nachts von einer gefährlichen Herzkrankheit ergriffen, die ihn zweimal dem Tode nahe gebracht und nun bis jetzt zwei Monate lang fortgedauert hat ... Gott erhalte mir den lieben Bruder, der fest in mein eignes Dasein und Wesen verwachsen ist, so daß ich nicht wüßte, was aus mir werden sollte, wenn ich ihn verlöre.*[239] Nach solchen Krisen war dann Wilhelm nicht selten *in Schwermut versunken* und mied, *gegen seine sonstige Natur, allen geselligen Umgang*[240].

Aber das herzliche Familienleben, das Wilhelm führte, und die Nähe des liebenden Bruders richteten den Kranken dann doch wieder auf: *Ich fühle mich glücklich mit ihm, der die liebreichste Seele von der Welt hat, mit meiner Frau und meinen Kindern, daß ich Gott bitte, mir dieses Glück nur zu erhalten.*[241]

Auf seinem beruflichen Weg wurde der Bibliothekar Wilhelm Grimm auch immer mehr zur Laufbahn eines Dozenten geführt. Im Jahre 1835 wurde er neben seinem Bruder ordentlicher Professor in Göttingen. Seine gut vorgetragenen Kollegs waren, seiner Anlage entsprechend, dem Dichterischen zugewandt. So las er über das Nibelungenlied, das Gudrunlied und gab seine eigenen Forschungsergebnisse über Freidanks «Bescheidenheit», die bekannte Spruchdichtung des 13. Jahrhunderts, den Hörern bekannt.

Die Göttinger Jahre, die in Arbeit und Sorge verstrichen, wurden durch ein besonders schmerzliches Ereignis unterbrochen. Im Jahre 1833 erkrankten die beiden Frauen, die den Brüdern am nächsten standen, ihre Schwester Lotte und Wilhelms Frau Dortchen, schwer. Während Dortchen wieder gesund wurde, konnte sich Lotte nicht mehr erholen. *Meine liebste, einzige Schwester,* schrieb Jacob, *von uns Geschwistern die jüngste, erkrankte im Wochenbett, die Gefahr schien gehoben, als sich ein Rückfall ereignete, dem sie erliegen mußte.*[242] Und Wilhelm, der die Schwester gepflegt hatte, sagte über die Verlorene: *Sie hatte etwas natürlich Edles in ihrem Wesen und war frei von allen kleinen Dingen, die sich so leicht an den Menschen hängen. Und in ihrem Herzen so liebreich! Sie küßte mich noch, als sie nicht mehr sprechen konnte.*[243]

Vor dem still gewordenen Gesicht der Schwester erkannte Wilhelm: *So ein wunderliches und unausmeßbares Ding ist das menschliche Herz, aber das habe ich lebendiger als je empfunden, daß die Liebe das einzige ordentliche Ding ist, das wir auf der Welt davontragen und das widerhält, wenn die andern Lumpereien zugrund gehen.*[244]

Aus dieser Festigkeit ihres Herzens fanden denn auch die Brüder in den Göttinger Jahren bei allen Beschwerlichkeiten und Gefährdungen die Kraft, wieder mit einer Reihe von Werken die junge Wissenschaft der Germanistik zu bereichern. Diese kamen aber nicht aus einem biedermeierlichen Idyll. Jacob rang sie sich bei einer Überfülle von Aufgaben durch eine asketische, geradezu mönchische Lebensweise ab, während Wilhelm die Intervalle zwischen den schweren Krankheiten zu nutzen hatte.

Der Unterschied in der Arbeitsweise der Brüder zeigte sich auch bei diesen neuen Veröffentlichungen. Jacob sah es deutlich, als er schrieb: *Mit unverdrossenem Fleiß klammere ich mich . . . an den Stoff und zwinge ihn,*

Im Kolleg bei Jacob Grimm. Federzeichnung von L. E. Grimm, 28. Mai 1830

Vom Geld ist die Rede, von wem noch?

Das Märchen meines Lebens . . .

... ist der Titel der Autobiographie des Mannes, von dem hier die Rede sein wird, und sein Leben war ein Märchen, das in Armut begann und in Ruhm und Wohlstand endete. So fing es an: Es war einmal ein armer Schuster von 22 Jahren, der war krank und hatte eine noch jüngere Frau und einen Sohn, und alle wohnten und schliefen in einem einzigen kleinen Raum. Als der Bub 11 war, starb der Vater, und der kleine Junge mußte fortan allein für sich sorgen. Er ging nicht weiter zur Schule, sondern saß daheim, baute sich ein Kasperltheater, nähte Kleider für seine Puppen und las alle Theaterstücke von Holberg bis Shakespeare, die er sich nur leihen konnte. Als er 14 war, wollte man ihn in eine Schneiderlehre geben, aber der Junge träumte davon, Opernsänger zu werden und ging auf eigene Faust in die Landeshauptstadt. Dort hielt man ihn für mondsüchtig, warf ihn aus den Theatern hinaus, und er war nahe am Verhungern. Schließlich durfte er Tanzschüler am Theater werden, und da fiel er dem König auf. Der schickte ihn kostenlos für einige Jahre auf eine höhere Schule. Aber der Junge wurde immer eitler und überspannter, und als er 24 war, glaubte niemand mehr, daß aus ihm etwas Rechtes werden könnte. Aber gerade da veröffentlichte er seine zweite Erzählung, die ihm überraschenden Erfolg brachte. Vier Jahre danach erhielt er vom König ein Reisestipendium. Über Frankreich kam er nach Rom. Seine Bücher verkauften sich immer besser, endlich konnte er sorgenfrei leben. Das Werk aber, das ihn bis heute unsterblich gemacht hat, wurde vom Publikum zunächst nur zögernd aufgenommen. Der Dichter selbst achtete diese kleinen märchenhaften Meistererzählungen gering, und doch machten sie ihn schon zu Lebzeiten in ganz Europa berühmt. Als der 42jährige England bereist hatte, begleitete ihn kein Geringerer als Dickens zur Abfahrt an den Pier von Ramsgate.

Eines Nachts im Frühjahr 1872 fiel der Dichter aus dem Bett und verletzte sich so ernst, daß er nie mehr ganz gesund wurde. Drei Jahre später starb er. Von wem war die Rede?

(Alphabetische Lösung: 1–14–4–5–18–19–5–14)

gleichsam etwas zu ergeben, aber was ich herausbringe, finde ich erst mitten in der Wärme des Arbeitens, und habe es nicht schon vorher hinzugetragen, so daß es nun oft nicht an der rechten und wirksamen Stelle zutag kommt. Nur Wochen oder Monate lang gefällt mir dann mein Werk, nachher möchte ichs wieder von neuem machen. Wilhelm weiß schon besser Maß zu halten, und wenn ihm nicht eine gewisse anhaltende Schärfe und Fortsetzung der Arbeit fehlte, würde er mirs leicht zuvortun.[245]

Zuerst wollte Jacob in diesen Göttinger Jahren seine *Deutsche Grammatik* fortarbeiten. Er hatte bereits in Kassel begonnen, nach dem Erscheinen der beiden ersten Bände einen dritten Band herauszugeben. In der ersten Göttinger Zeit konnte der Druck wegen anderer Pflichten nicht weitergehen. Sobald Jacob aber etwas Luft hatte, nahm er sich dieses Buch wieder vor, *oft bis in die Nacht hinein*[246]. Er behandelte wie im zweiten Band die Wortbildung, das grammatische Geschlecht und ähnliche Fragen. *In sieben Kapiteln sind hier Pronominal- und Partikelbildungen, Genera, Komparation, Diminution, Negation, endlich Frage und Antwort behandelt.*[247] Mit einem gewissen Stolz sagte Jacob nach Herausgabe dieses Bandes (1831): *Mag er nun unten schweben oder zuweilen höher dringen, so haben ihn doch seine eignen Schwingen getragen.*[248]

In einem vierten Teil, der erst 1837 erschien, behandelte Jacob die Syntax des einfachen Satzes. Er ging mit innerer Freude an die *schwierige, aber auch lohnende Ausarbeitung*[249]. Ein fünfter Teil, in dem die Syntax des zusammengesetzten Satzes dargestellt werden sollte, war von Jacob geplant, ist dann aber nicht mehr weiter gediehen.

Bruder Wilhelm hatte über den vierten Teil gesagt, daß man hier *wie Robinson bei jedem Tritt auf unbekannte Dinge stößt*[250]. Tatsächlich wurde das vierbändige Werk von über viertausend Seiten mit großer Bewunderung aufgenommen. Gelehrte und Dichter wie Jean Paul und Heinrich Heine rühmten es hymnisch. Heute gilt es als Allgemeingut der Wissenschaft, daß Jacob mit seiner *Deutschen Grammatik* die historisch-germanische Sprachforschung begründet hat, ja man erkennt dem Werk den Rang einer «umstürzenden Leistung»[251] zu.

Zwischen dem dritten und vierten Teil seiner Grammatik hatte Jacob zwei andere Werke vollendet. Schon seit dem Jahre 1811 beschäftigte ihn die Tiersage vom Reineke Fuchs. Zusammen mit seinem Bruder suchte er immer wieder Texte zu diesem Thema, um alle Unterlagen dieser volkstümlichen Erzählung für die Forschung zu erschließen. Fast ein Vierteljahrhundert nach dem Beginn dieser Studien nahm sich Jacob allein die gesammelten Unterlagen vor, um *ein Buch zu schreiben, worin die ganze Fabel nach allen Bearbeitungen abgehandelt werden soll*[252]. Dieser *Reinhart Fuchs* erschien dann 1834.

Das zweite Werk, das Jacob zwischen den dritten und vierten Teil seiner Grammatik schaltete, um das strenge grammatikalische Denken mit einem anderen Gegenstand zu unterbrechen, war seine *Deutsche Mythologie* (1835). Jacob tat es auch diesmal nicht unter nahezu tausend Seiten. Indem er die alte Götter- und Geisterwelt untersuchte, bot er wieder viel volkskundliches Material und gab Einblick in religiöse Vorstellungen früherer Jahrhunderte. Das Werk, das allen Spuren der Überlieferung nachging, erregte Aufsehen. Nachfolger und Nachahmer in anderen europäischen Ländern gaben nun Werke heraus, in denen die mythologische Tradition ihrer Völker aufgezeichnet wurde. Wieder war Jacob Grimm an die Spitze einer neuen Forschungsrichtung getreten.

Da sich Jacob bei diesen Studien und auch in seinen Kollegs wiederholt mit Tacitus beschäftigt hatte, ließ er nun als Nebenfrucht seiner Arbeit dessen «Germania» in einer neuen Ausgabe erscheinen (1835).

Bei den Werken, die Bruder Wilhelm in seinen Göttinger Jahren veröffentlichte, handelte es sich wieder um Editionen mittelalterlicher Texte, die Wilhelms musischem Empfinden besonders entsprachen. Durch Jahre hin gab er sich mit dem Lehrgedicht «Bescheidenheit» des Dichters ab, der die Kreuzfahrt Friedrichs II. ins Heilige Land begleitet hatte und unter dem Namen Freidank in die Literaturgeschichte eingegangen ist. Eine kritische Ausgabe des Freidank, zu der er alle erreichbaren Handschriften heranzog, veranstaltete er 1834 (*Vrîdankes Bescheidenheit*). Es war nach Wilhelms Worten *ein Weltspiegel, in welchem die verschiedenen Stände von dem Papste und Kaiser bis herab zu den Knechten, die öffentlichen und häuslichen Verhältnisse, der religiöse Glaube, Tugenden und Laster in mannigfaltiger Abwechselung berührt und dargestellt werden ... Die Ausfüllung des Werkes besteht großenteils aus den dem ganzen Volke zugehörigen Sprichwörtern, die frisch und lebendig, frei und geistreich, häufig mit Anmut und Zierlichkeit ausgedrückt werden. Wir besitzen also zugleich ... eine Popularphilosophie ... die in der eigentümlichen und lebensvollen Bildung jenes Zeitalters lag.*[253]

Wie Wilhelm mit diesem Buch seinen Lesern wieder die Gedankenwelt des 13. Jahrhunderts vorstellen wollte, so bot er mit der Ausgabe *Der Rosengarten* (1836) eine mittelalterliche epische Dichtung aus dem Sagenkreis um Dietrich. Die Arbeit war nach Jacobs Worten *sorgsam beendigt*[254], obwohl der kränkliche Wilhelm bei der Beschäftigung mit dem Rosengarten *selbst nicht auf Rosen lag*[255].

Als dann ein Jahr danach (1837) die Große Ausgabe der *Kinder- und Hausmärchen* in 3. Auflage erschien, hatte hauptsächlich die Hand Wilhelms diese Neuausgabe betreut, da ja Bruder Jacob meistenteils über seinen grammatischen Bogen saß. Nicht nur zahlreiche der bereits früher enthaltenen Märchen wurden von Wilhelms Hand *verbessert oder vervollständigt*[256], es kamen auch neue Stücke hinzu. Wieder war die Ausgabe Bettina von Arnim zugeeignet, die 1831 ihren Mann Achim von Arnim verloren hatte und 1835 mit ihrem berühmten Buch «Goethes Briefwechsel mit einem Kinde» hervorgetreten war. Wilhelm schrieb an Bettina: *Ihre Kinder sind groß geworden und bedürfen der Märchen nicht mehr: Sie selbst haben schwerlich Veranlassung, sie wieder zu lesen, aber die unversiegbare Jugend Ihres Herzens nimmt doch das Geschenk treuer Freundschaft und Liebe gerne von uns an.*[257]

Die Brüder Grimm hatten als Märchenerzähler wie als Gelehrte auch in den Göttinger Jahren ihr Ansehen vermehrt. Als nun die Universität daranging, im September 1837 das hundertjährige Stiftungsfest zu begehen, schien dies auch für Jacob und Wilhelm ein äußerer Höhepunkt ihrer Dozentenlaufbahn zu werden. *Die Festlichkeiten sollen drei Tage dauern, und ... die Professoren ... bei dem feierlichen Zug in die Kirche in altertümlichen Talaren und Baretten erscheinen.*[258]

Da griff abermals fürstliche Willkür in die Laufbahn der Brüder Grimm ein. Diesmal ging es jedoch nicht nur um Zurücksetzung wie in Kassel, sondern um die berufliche Existenz.

Wilhelm Grimm im akademischen Talar. Radierung von L. E. Grimm, 1837

Ernst August II.,
König von Hannover.
Gemälde von Oesterley

DIE GÖTTINGER SIEBEN

Die Göttinger Jahre waren für die Brüder Grimm *eine neue Welt*[259] geworden, der Glanz der Universität beleuchtete auch ihren Namen. Und doch
kam Jacob später zu dem bitteren Ergebnis: *Hätte ich voraussehen kön-*
nen, was mir dort bevorstünde, ich würde mich mit Händen und Füßen
gesträubt, den geliebten Boden der Heimat nie verlassen haben.[260]

Es waren die Ereignisse des Jahres 1837 um die «Göttinger Sieben», die
Jacob zu diesem Ausruf veranlaßten. Wilhelm IV., in Personalunion König
von Großbritannien und Hannover, unter dem 1833 in Hannover das ver-
fassunggebende Staatsgrundgesetz erlassen worden war, starb am 20.
Juni 1837. Da er keine legitimen Nachkommen hatte, war die Personalunion zwischen den beiden Ländern zu Ende. Sein Bruder Ernst August,
ein selbstherrlicher Mann, wurde der neue König von Hannover. Schon
wenige Tage nach dem Tod seines Bruders erschien er in seiner neuen
Hauptstadt, lehnte es aber ab, den Eid auf die bestehende Verfassung zu
leisten, und vertagte sofort die Stände. Die heimgeschickten Ständevertre-
ter waren bestürzt, man hatte schon genug über den lockeren und ver-
schwenderischen Lebenswandel des Fürsten gehört und mußte fürchten,
daß er darauf ausging, die Finanzpolitik nach seinem eigenwilligen Kopf
umzugestalten.

Schon am 5. Juli erklärte er, das Staatsgrundgesetz von 1833 sei für das

Land nicht zweckdienlich. Es sei auch für ihn als neuen Herrscher keineswegs rechtsverbindlich. Im ganzen Land war man darüber empört; man hoffte aber noch, daß Ernst August auf Warnungen Preußens und Österreichs reagieren würde. Aber Ernst August ließ von ihm ergebenen Gutachtern darlegen, das Grundgesetz von 1833 sei ungültig, und hob dieses Gesetz in einem Erlaß vom 1. November ausdrücklich auf. Die Beamten, von denen die bestehende Verfassung beschworen worden war, wurden ihres Eides entbunden. Die Ständeversammlung war schon vorher aufgelöst worden. Es war ein offenkundiger Verfassungsbruch, der noch dadurch verschärft wurde, daß die neue Regierung von den Dienern des Staates wie auch von den Professoren Dienst- und Huldigungs-Reverse verlangte.

Das war für sieben Professoren der Universität Göttingen zuviel: Mit dem Historiker Dahlmann, dem Juristen Albrecht, dem Literarhistoriker Gervinus, dem Orientalisten Ewald und dem Physiker Weber unterzeichneten auch Jacob und Wilhelm Grimm am 18. November einen Protest gegen den Verfassungsbruch. Diese Sieben, die das Wagnis auf sich nahmen, gegen einen despotischen Landesherrn aufzutreten, mußten sich darüber klar sein, daß ihr Schritt für sie schwerwiegende Folgen haben würde. Die Brüder Grimm standen schon in den fünfziger Jahren ihres Lebens, Jacob hatte sich die Möglichkeiten für seine Forschung schwer genug errungen, Wilhelm hatte Frau und Kinder. Was gab ihnen die Kraft, ihre Existenz aufs Spiel zu setzen und dem Unrecht zu widersprechen?

Nun, sie wollten nicht den Eid brechen, den sie auf die frühere Verfassung geleistet hatten und dem sie sich verpflichtet fühlten. Und sie wollten vor ihren Studenten, denen sie wissenschaftliche Grundsätze eingeprägt hatten, nicht unglaubwürdig werden. Sie meinten, daß auf ihrer Lehre kein Segen ruhen könne, wenn sie den geleisteten Eid verleugneten. Die Ehrlichkeit ihrer Forschung war bedroht.

Jacob sagte: *Der offne, unverdorbne Sinn der Jugend fordert, daß auch die Lehrenden, bei aller Gelegenheit, jede Frage über wichtige Lebens- und Staatsverhältnisse auf ihren reinsten und sittlichsten Gehalt zurückführen und mit redlicher Wahrheit beantworten. Da gilt kein Heucheln, und so stark ist die Gewalt des Rechts und der Tugend auf das noch uneingenommene Gemüt der Zuhörer, daß sie sich ihm von selbst zuwenden und über jede Entstellung Widerwillen empfinden. Da kann auch nicht hinterm Berge gehalten werden mit freier, nur durch die innere Überzeugung gefesselter Lehre über das Wesen, die Bedingungen und die Folgen einer Regierung.*[261]

Von den vielen Professoren waren es freilich nur sieben Aufrechte, die den Schritt wagten, gegen die eidbrechende Regierung aufzutreten. Aber mit einem gewissen Stolz erklärte Jacob: *Es gibt noch Männer, die auch der Gewalt gegenüber ein Gewissen haben.*[262] Er fuhr fort: *Die Wissenschaft bewahrt die edelsten Erwerbungen des Menschen, die höchsten irdischen Güter, aber was ist sie gegen die Grundlage des Daseins wert, ich meine gegen die ungebeugte Ehrfurcht vor göttlichen Geboten?*[263] Dieser Überzeugung entsprechend mußten die Brüder Grimm mit ihren Gesinnungsfreunden alle persönlichen Bedenken auf die Seite schieben; sie folgten dem Postulat, das Jacob in seiner Rechtfertigungsschrift *Über meine Ent-*

Die Göttinger Sieben. Lithographie von Carl Rohde, 1837/38

lassung (1838) formulierte: *Die Geschichte zeigt uns edle und freie Männer, welche es wagten, vor dem Angesicht der Könige die volle Wahrheit
zu sagen; das Befugtsein gehört denen, die den Mut dazu haben. Oft hat
ihr Bekenntnis gefruchtet, zuweilen hat es sie verderbt, nicht ihren
Namen. Auch die Poesie, der Geschichte Widerschein, unterläßt es nicht,
Handlungen der Fürsten nach der Gerechtigkeit zu wägen. Solche Bei-
spiele lösen dem Untertanen seine Zunge, da wo die Not drängt, und trö-
sten über jeden Ausgang.*[264]

Den geschichtlichen Vorbildern gegenüber wollten sich die Sieben nicht
unwürdig zeigen, obwohl der Ausgang tief in ihr Leben eingriff. Am 11.
Dezember 1837 unterzeichnete Ernst August die Entlassungsurkunden

für die sieben protestierenden Professoren. Die besonders mißliebigen Professoren Dahlmann, Jacob Grimm und Gervinus hatten innerhalb von drei Tagen das Land Hannover zu verlassen. Ernst August war entschlossen, mit Hilfe seiner weitreichenden dynastischen Beziehungen eine Berufung der Verbannten an andere Universitäten zu verhindern. Ein gewisser Trost war es für die Entlassenen, daß nicht nur die Studenten, sondern auch weite Volkskreise an ihrem Schicksal teilnahmen. Es bildete sich auch ein Komitee, um vorerst die äußere Existenz der brotlos gewordenen Bekenner zu sichern.

Der ausgewiesene Jacob Grimm wandte sich nach Kassel, wo er ja nicht nur in seiner hessischen Heimat die Verhältnisse kannte, sondern wo auch Bruder Ludwig Emil durch seine Heirat mit Maria Böttner Hausherr geworden war. Dort fand Jacob ein vorläufiges Unterkommen. In der Stille seiner kleinen Stube konnte er über seinen folgenschweren Protest grübeln, kam dabei aber zu dem gleichen Ergebnis wie früher: *Wie möchte ich denn über deutsches Recht nachsinnen, das mir Züge von Reinheit und Tugend der Vorfahren unter die Augen hält, und auf deutschem Boden selbst das Recht unsrer Zeit mit Füßen treten? Wie nach deutscher Geschichte und Sage trachten, wenn einmal erzählt werden kann, daß zu meiner Zeit der größte Teil des Landes, in dem ich lebte, meineidig wurde, und vielleicht auch nach meinem Benehmen gefragt wird?*[265]

Jacob wußte dabei natürlich nicht, wie sich sein Leben in Zukunft gestalten würde. Doch eines meinte er zu allen Plänen: *Fest steht nur, daß ich mich nicht von Wilhelm trenne.*[266] Und an Freund Laßberg schrieb er: *Ich vertraue aber auf Gott und die Stimme in meiner Brust, welche mir zuruft, daß ich recht gehandelt habe.*[267] Jacob, der von Jugend an in grundsätzlichen Dingen unerschrocken gewesen war, bekannte: *Mir schien von Anfang an die Tyrannei so außerordentlich und gewaltig, daß dadurch alle Wege und Gänge des gewöhnlichen Lebens abgeschnitten wurden.*[268]

Und Wilhelm, den der königliche Bann nicht so hart getroffen hatte und der zuerst mit Familie, Hab und Gut in Göttingen zurückgeblieben war, bezeugte die gleiche Festigkeit. *Bei unserm Schritte,* sagte er, *lag bloß die religiöse Überzeugung zugrunde, daß wir so handeln müßten, wenn wir unser Gewissen rein erhalten wollten, und die Ehre der Universität . . . eine solche freie Erklärung verlange.*[269]

Als die Rede ging, daß man unter gewissen Voraussetzungen die Dozenten wieder nach Göttingen zurückholen könne, blieben die Brüder unbeugsam. Jacob meinte: *Brächte die Regierung . . . uns am Ende auch noch zur Nachgiebigkeit, so würde unsere Handlung bald wie ein eitles Spiel erscheinen, und ihre vielleicht langsame und späte Frucht kommenden Geschlechtern verloren gehn.*[270] Nicht weniger entschlossen meinte Wilhelm: *Ein Gedanke der Reue ist mir und meinem Bruder so wenig in die Seele gekommen, als ein Wort über die Lippen oder aus der Feder.*[271]

Da die Brüder wußten, daß das Interesse der Öffentlichkeit an ihrem persönlichen Schicksal mit der Zeit natürlich verschwinden würde, erwogen sie Fragen der Zukunft. *Was uns betrifft,* bedachte Jacob, *so finde ich mich darein, mein übriges Leben ganz ohne öffentliche Anstellung zu beschließen und mich durch Privatarbeit über dem Wasser zu erhalten.*[272]

Im Oktober 1838 zogen nun auch Wilhelm und seine Frau von Göttingen nach Kassel. In dem Haus, in dem der Bruder Ludwig Emil wohnte und in dem auch Jacob Asyl gefunden hatte, war die Parterrewohnung frei geworden. Hier war den Brüdern alles vertraut, da sie im gleichen Haus, wenn auch in einer anderen Wohnung, schon früher zwischen 1826 und 1829 gelebt hatten. Jacob war über die erneuerte Hausgemeinschaft glücklich: *Ich gelange dadurch wieder zu einiger Ruhe und Bequemlichkeit, alle meine Bücher und Papiere habe ich fast ein Jahr entbehren müssen, und das will in unsrer Zeit, wo alles mit Lesen und Schreiben zusammenhängt, und bei der festgewordnen Gewohnheit, etwas sagen.*[273]

Aus mehreren Wagen hatte man das Mobiliar in der Bellevue ausgepackt, geordnet standen die Bücher wieder in den gewohnten Reihen. *An Göttingen denke ich wie einer, der aus Amerika zurückgekehrt ist*[274], sagte Wilhelm und schilderte die alte Umgebung: *An den Steinkohlengeruch, das ewige Trommeln habe ich mich bald wieder gewöhnt, aber auch an dem freien Himmel, der reinlichen Straße und dem wohlbekannten Geläute der Glocken erfreut.*[275]

Wohl waren jetzt die beiden Brüder ohne Amt; aber die Würde war ihnen geblieben. Nicht nur den Märchenerzählern, nicht nur den klugen, gelehrten Köpfen galt der Respekt des Volkes. Auch diejenigen, denen das volkskundliche und wissenschaftliche Treiben etwas Fremdes war, hatten überall in deutschen Landen erfahren, daß hier ein paar schlichte Professoren vor einem Despoten nicht zurückgeschreckt waren.

Freilich blieb für diese Professoren das große Problem zu lösen, wie sie nun an ihrem Schreibtisch als Privatgelehrte ihr tägliches Brot verdienen sollten.

Die vier Kinder von Lotte Hassenpflug, geb. Grimm, und (ganz rechts) die Tochter von Ludwig Emil Grimm. Radierung von L. E. Grimm, um 1838

DIE GEBURTSSTUNDE DES WÖRTERBUCHES

KASSEL 1838–1840

Der Göttinger Protest bewegte noch lange die Geister, besonders natürlich die betroffenen Professoren. Die Brüder Grimm benutzten die ämterlose Zeit, deren Dauer man nicht absehen konnte, für ihre literarische Arbeit. Wenn auch die Zweige der neuen Wissenschaft, der sie sich widmeten, noch jung waren, so hatten sie doch, wie Wilhelm damals an Uhland schrieb, *die Beruhigung, daß diese Richtung nicht wieder untergehen kann*[276]. Dieses Bewußtsein gab dem Schaffen der Brüder eine innere Sicherheit.

Wie frisch atmet es sich nach dem Sturm, sagte Jacob, *und wie schwül drückts, solange die Wolken hängen. Sonst leben wir hier getrost und zufrieden, haben vollauf zu arbeiten und können auf die alte Weise manches wieder genauer und schärfer ausarbeiten als in Göttingen.*[277] Wilhelm, der sich zugleich an seinen heranwachsenden Kindern und dem harmonischen Zusammenleben mit Dortchen erfreute, stimmte seinem Bruder zu: *So leben wir hier in voller Einsamkeit bloß für die Arbeit.*[278] Man war froh, daß man in der Bellevue dem Getriebe der Stadt entrückt war und daß man wieder *das schöne Frühjahr aus der ersten Hand*[279] genießen konnte.

Karl Lachmann

Mit der neuesten Literatur von Autoren wie Heinrich Laube und Karl Gutzkow beschäftigten sich die Brüder damals kaum: Wilhelm gestand: *Von dem Jungen Deutschland kenne ich fast nichts.*[280] Wohl erklärte Jacob, wenn er den Blick in die Ferne wandte: *Der Welt bin ich nicht feind.*[281] Aber vom Tagesgeschehen enttäuscht und seiner Arbeit schicksalhaft zugewandt, fügte er hinzu: *Hätten wir Protestanten die Sitte des klösterlichen Lebens ohne andern Mönchsdienst, so brächte ich darin gern vor dem Andrang der Leute meine übrigen Tage, die sich leicht umspannen lassen, geborgen zu.*[282]

Forschende Arbeit war das Leben dieses Mannes geworden. Im ersten Jahr nach dem Göttinger Hinauswurf gab er mit dem bayerischen Sprachgelehrten Johann Andreas Schmeller *Lateinische Gedichte des X. und XI. Jahrhunderts* (1838) heraus. *Hier werden drei größere mittellateinische Dichtungen dargeboten, sämtlich von deutschen Verfassern.*[283] Es handelte sich um das «Waltharilied», den Ritterroman «Ruodlieb» und die Tiergeschichte «Ecbasis captivi» (Flucht eines Gefangenen). Man hatte sich bisher um diesen Nebenlauf des deutschen Dichterstromes wenig gekümmert, Jacob wollte jetzt dafür neues Interesse erwecken.

In einem *Sendschreiben an Karl Lachmann über Reinhart Fuchs* (1840) beschäftigte sich dann Jacob nochmals mit seinem alten Lieblingsthema vom schlauen Reineke. Von hier aus schweifte er in die angelsächsische Welt und veröffentlichte daraus die alten Literaturdenkmäler *Andreas und Elene* (1840).

Von größeren Arbeiten nahm sich Jacob wieder einmal seine *Deutsche Grammatik* vor. Nie mit sich ganz zufrieden, benutzte er die Neuauflage der ersten Teils (3. Ausgabe, 1840) dazu, um die darin enthaltene Lautlehre abermals gänzlich umzuarbeiten und zu vervollkommnen. Er hoffte, damit noch *tiefer in die Sprache einzudringen*[284]. In der Freude des Aufspürens sagte er: *Ich glaube, wirklich allerhand Neues entdeckt zu haben.*[285] Jacob haßte alle Oberflächlichkeit, er wollte den Grund ausloten: *Endlich stecke ich noch tief in unaufhörlichen Wiedergeburten des grammatischen Stoffs.*[286] Er ruhte nicht, bis er sein Thema zu einem *neuen Guß*[287] geformt hatte.

Zugleich begann Jacob mit einem weiteren umfassenden Werk, mit dem er die in seinen *Deutschen Rechtsaltertümern* (1828) begonnene Richtung fortsetzte. Aus zahllosen alten Manuskripten und Folianten hatte er im Laufe der Jahre Rechtsbelehrungen und Rechtsgewohnheiten früherer Jahrhunderte zusammengetragen. Es waren bedeutsame Quellen der Rechtsgeschichte, auf die bisher niemand geachtet hatte und die Jacob, wieder einmal als Pfadfinder auf neuen Spuren wandelnd, der juristischen Forschung in die Hand geben wollte. Die ersten beiden dickleibigen Bände dieser *Weistümer* ließ Jacob 1840 erscheinen. *Große Freude macht mir die Sammlung der Weistümer*, schrieb er, *wodurch unserm alten Recht manch frischer Gewinn zuwachsen soll, sie führt recht in heimliche Schlupfwinkel des Volkslebens.*[288] Mit seiner Zusammenstellung, die aus vielen Landstrichen, Archiven und Bibliotheken gewonnen war, wollte Jacob gewissermaßen eine *Volkspoesie des deutschen Rechts*[289] geben.

Sogar Bruder Wilhelm staunte über die nie versagende Kraft seines Bruders und sagte beim Anblick der von verschiedenen Seiten einlaufenden Korrekturen: *Jacob läßt an drei Büchern zugleich drucken!*[290] Er meinte: *Da wäre mir des Guten zuviel.*[291] Nun, wenn auch Wilhelm mit dem geradezu wilden Schöpferdrang des Bruders nicht wetteiferte, so konnten sich daneben seine gleichzeitigen Schriften gut sehen lassen. Er gab damals alte Texte neu heraus und bereicherte damit die Kenntnis unserer mittelalterlichen Dichtung.

Noch 1838 publizierte er *Ruolandes liet* (Rolandslied), dessen deutsche Fassung von dem Pfaffen Konrad aus dem 12. Jahrhundert stammt. Das Heldengedicht galt dem tapferen Roland aus dem Heer Karls des Großen. Wilhelm Grimm erklärte sein Vorhaben: *Ich liefere hier einen sorgfältigen Abdruck der Pfälzer Handschrift mit den Lesarten der übri-*

gen.[292] Die genaue Wiedergabe sollte *den inneren Wert und die Wichtigkeit dieses Denkmals für die Geschichte der epischen Poesie*[293] widerspiegeln.

Dieser Ausgabe ließ Wilhelm frühmittelhochdeutsche Gedichte des *Wernher vom Niederrhein* folgen (1839); es waren religiös gestimmte Poesien. Auch die *Goldene Schmiede* Konrads von Würzburg, die Wilhelm anschließend edierte (1840), war ein geistliches Werk, *ein mystisch theologisches Gedicht*[294] zum Lob der Jungfrau Maria. Es war eine *kritische Ausgabe*[295], das heißt, Wilhelm suchte den originalen Text *durch Hilfe vieler Handschriften*[296] zu erstellen. Gleichzeitig feilte Wilhelm an der 4. Auflage der *Kinder- und Hausmärchen* (Große Ausgabe, 1840) und zeichnete als Herausgeber von Arnims «Sämtlichen Werken» (1. Bd., 1839), um dem verstorbenen Freund ein Denkmal zu setzen und *die Blüte einer reichbegabten Natur*[297] zu zeigen.

Auf diesem Feld hätten die Brüder noch viele ähnliche Früchte ernten können. Da trat ein ganz neuer Plan in ihr Leben, der das Schaffen ihrer weiteren Jahre zu einem entscheidenden Teil beanspruchte. Es war das *Deutsche Wörterbuch*. Die Stunde für eine Gesamterfassung des deutschen Sprachbestandes schien günstig zu sein.

Schon im 16. Jahrhundert gab es Versuche, eine wissenschaftliche Basis für den deutschen Sprachinhalt zu erarbeiten. Nachdem Luther mit seiner Bibelübersetzung so viel für die deutsche Sprache getan hatte, bemühten sich Erasmus Alberus und Johannes Clajus d. Ä. um deutsche Sprachforschungen. Aber das waren nur Ansätze. Später hatte Leibniz Wörterbuchpläne, und Autoren wie Möser, Voß, Hölty, Herder, Klopstock, Lessing und Nicolai zeigten auch Interesse an sprachlichen Aufgaben. Vor den Brüdern Grimm gab es dann deutsche Wörterbücher von Adelung und Campe. Aber noch existierte kein Werk, das die deutsche Sprache in einem vollständigen Dokument festhielt.

Schon wenige Monate, nachdem die Brüder Grimm in Göttingen ihre Professuren verloren hatten, kam im März 1838 von dem Altphilologen und Germanisten Moritz Haupt und den Inhabern der Weidmannschen Buchhandlung, den Verlegern Karl August Reimer und Salomon Hirzel, die Anregung, Jacob solle ein solches großangelegtes deutsches Wörterbuch herausgeben. *Ich erinnere mich daran*, schrieb später Jacob, *daß 1838 Reimer und Haupt nach Kassel kamen, mich zur Übernahme des Wörterbuchs zu bewegen.*[298] Jacob, bereits 53 Jahre alt, zögerte und schrieb an Dahlmann: *In all der Unsicherheit meines gegenwärtigen Daseins ist mir freilich der Reimer-Hauptische Plan nicht recht willkommen.*[299] In den nächsten Monaten schwankte er. So meinte er im April: *Wir sind zwar entschlossen, auf das Wörterbuch einzugehn, aber mit Reimers Bedingungen noch nicht einverstanden.*[300] Dann hieß es wieder: *Das weit aussehende Unternehmen mit dem Wörterbuch fordert gerade schon im Beginn die Seelenruhe und Unabhängigkeit, die mir jetzt mangelt . . . Die Arbeit mag also aufgeschoben oder völlig, was meine Mitwirkung anbetrifft, aufgehoben bleiben.*[301]

Aber die ämterlosen Professoren, die keine öffentlichen Einkünfte mehr hatten und von Zuweisungen eines Komitees unabhängig werden wollten, entschlossen sich dann doch mehr und mehr zur Annahme dieser Arbeit, die ihren bisherigen Forschungen nahestand und ihnen ein festes Honorar sicherte. Jacob und Wilhelm verständigten sich, gemeinsam die Herausgabe zu besorgen.

Dabei schrieb Wilhelm Ende Juli nicht ganz ohne Bedenken: *Wir haben daran gedacht, ein großes Werk zu unternehmen, das, wenn es gelingt, uns vielleicht auf längere Zeit sichert, ich meine ein großes, von dem historischen Gesichtspunkt gefaßtes Wörterbuch der deutschen Sprache. Es könnten leicht vier bis fünf Folianten daraus werden, und mir schaudert ein wenig, wenn ich an die Vorarbeit gedenke, welche allein wenigstens sechs Jahre hinwegnimmt.*[302] Jacob bestärkte in diesen Sommerwochen 1838 seinen Bruder: *Die Sache ist und wird uns für unsre ganze Lage wichtig und förderlich.*[303]

Am 29. August 1838 gaben sie in der «Leipziger Allgemeinen Zeitung» der breiten Öffentlichkeit ihren Plan bekannt: *Es ist in der menschlichen Natur gegeben, aus dem Herben ein Süßes zu ziehen, der Entbehrung neue Frucht abzugewinnen. Jacob und Wilhelm Grimm, von gemeinschaftlichem Schicksal gleichzeitig betroffen, nach langem und vergeblichen Harren, daß sie ein deutsches Land in seinen Dienst aufnehmen werde, haben den Mut gefaßt, ihre Zukunft sich selbst zu erfrischen, zu stärken und sicher zu stellen. Sie unterfangen sich eines großen deutschen Wörterbuches ... eines schweren, weitaussehenden Werkes ... Es soll von Luther bis auf Goethe den unendlichen Reichtum unserer vaterländischen Sprache, den noch niemand übersehen und ermessen hat, in sich begreifen.*[304]

Die Brüder waren von der Bedeutung des Unternehmens von Anfang an überzeugt und schrieben an ihre Gönnerin, die Kurfürstin Auguste, sie würden das Werk, *wenn es der Himmel gedeihen und gelingen läßt, mit Freude und Stolz auf den Altar des Vaterlandes darbringen*[305].

Natürlich mußte man für die Arbeit Mitarbeiter gewinnen, die sich die einzelnen Schriftsteller vorzunehmen und ihren Wortbestand aufzunehmen hatten. So waren die Brüder alsbald auch organisatorisch tätig. Ende November 1838 konnte Jacob sagen: *Schon habe ich einige dreißig Mitarbeiter gewonnen.*[306] Nun sprach man bereits von sieben oder acht Bänden, und wer wußte, ob diese Zahl genügen würde? Zwischen Hoffen und Bangen schrieb Jacob im Januar 1839 an Gervinus: *Je tiefer ich in das Unternehmen hineinblicke, desto mehr zieht es mich an, es werden einige überraschende, und viele fruchtbare, dauernde Ergebnisse daraus erwachsen, selbst wenn die Verarbeitung nicht vollständig gelingen sollte.*[307]

Die Frage, *ob unser Leben dazu ausreicht*[308], stellten sich die Brüder des öfteren. Im Herbst 1839 hatten sie bereits über ein halbes Hundert Mitarbeiter geworben, mit denen sie eine lebhafte Korrespondenz unterhielten und denen sie genaue Instruktionen gaben, etwa der Art: *Es kommt bei den Auszügen für das Wörterbuch ... darauf an, daß aus den gewählten Schriftstellern alle unhäufigen, ungewöhnlichen, oder in abweichender Bedeutung gebrauchten gewöhnlichen Wörter ausgehoben werden ... Die äußere Einrichtung ist einfach. Auf einzelne Duodezblättchen alle von gleicher Größe kommt das Wort oben hin, dann wird die ganze Phrase darunter gesetzt, damit der Sinn vollständig erhellt ... Teil und Pagina des Werkes werden genau zitiert.*[309]

Bei den Brüdern sollten dann alle die Duodezblättchen zusammenlaufen und zu den einzelnen Artikeln des Wörterbuchs verarbeitet werden. Bald freilich mußten die Herausgeber erkennen, daß vorerst noch nicht an eine Schlußredaktion zu denken war. *Die Arbeit fürs Wörterbuch*, schrieb Jacob Ende 1839 ungeduldig, *besteht noch hauptsächlich in unendlichem Briefwechsel wegen der Beiträge, die langsam, langsam eingehn, so daß 1840 noch keine Hand gelegt werden kann an die Ausarbeitung.*[310]

Es wurde den Brüdern klar, daß sie ein ungewöhnlich umfangreiches Werk, wie es sonst nur von gelehrten Gemeinschaften oder Akademien durchgeführt werden kann, übernommen hatten. Tatsächlich hätten sie sich nie an die zeitraubende Aufgabe gewagt, wenn sie gleichzeitig noch ihre Göttinger Professur gehabt hätten. In dieser Erkenntnis schrieb Jacob: *Das Übel unsrer Verjagung aus Göttingen und der hartnäckigen Schwierigkeit aller Wiederanstellungen trägt uns vielleicht eine gute Frucht.*[311]

Plötzlich aber hatten sich die Brüder doch mit der Frage einer staatlichen Wiederanstellung auseinanderzusetzen.

IM NEUEN WIRKUNGSKREIS

BERLIN 1841–1847

Obwohl die Brüder Grimm in ihrem Kasseler Exil recht zurückhaltend und ihrer Arbeit ergeben lebten, verband sie doch ein weitreichender Briefwechsel mit der gelehrten Welt. Auch Besucher stellten sich ein, so daß die Brüder aus Brief und Wort die Teilnahme vieler Freunde erfuhren. Da meldete sich ihr Schüler Karl Goedeke, der später durch seinen «Grundriß zur Geschichte der deutschen Dichtung» bekannt wurde; seine treue Bekundung tat Jacob in seiner *jetzigen Zurückgezogenheit doppelt wohl*[312]. Es fand sich auch ein Mann wie Georg Heinrich Pertz ein, der die «Monumenta Germaniae historica» leitete. Ebenso bezeugte die hessische Kurfürstin Auguste den Brüdern ihr Wohlwollen und lud sie mehrfach zu sich ein. Am meisten aber kümmerte sich Bettina von Arnim um die Verbannten. Jacob, der *von der Stärke und Tiefe ihres Geistes lebhaft eingenommen*[313] war, dankte Bettina für ihre Sorge, mit der sie die Brüder wieder in ein öffentliches Amt bringen wollte: *Wie sehr muß uns Ihr unablässiger und treuer Eifer rühren, mit dem Sie sich unsrer Sache annehmen!*[314] Vor allem in Preußen sah Bettina Möglichkeiten, obwohl die Brüder zunächst gar keine Lust zeigten, abermals Kassel zu verlassen.

Da änderte sich entscheidend die politische Szene in Preußen. König Friedrich Wilhelm III. starb am 7. Juni 1840, ihm folgte in der Regierung sein Sohn Friedrich Wilhelm IV., den man den «Romantiker auf dem Thron» nannte und dessen freiheitliche Meinung bekannt war. Er öffnete alsbald die Gefängnistore für die eingesperrten Burschenschaftler und brachte wieder Männer wie Ernst Moritz Arndt in Amt und Würden.

Wilhelm schrieb über ihn im Juli 1840 an Bettina: *Der König von Preußen hat schon eine unabhängige, zugleich eine edle und großmütige Gesinnung gezeigt. Das ist ein Balsamtropfen, auf die Seele der Menschen herabgeträufelt. Ich weiß, daß er sich wohlwollend über uns, und was mich am meisten erfreut, gerade über unsere Gesinnung, geäußert hat.*[315]

Bei dieser Haltung des Königs konnten sich nun neben Bettina auch andere Freunde für die Grimms verwenden, so Savigny und Alexander von Humboldt. Auch Kultusminister Johann Albrecht Friedrich Eichhorn, der Jacob bereits aus den früheren Pariser Jahren kannte und schätzte, setzte sich ein. Die Bemühungen führten zum Erfolg; im November 1840 erreichte der offizielle Ruf des preußischen Kultusministers die Brüder. Jacob berichtete darüber an Dahlmann: *Endlich ... ist heute morgen ein förmlicher Ruf durch Eichhorn, datiert vom 2. November, an uns gekommen. Für den Augenblick sei zwar weder bei der Universität noch bei den übrigen wissenschaftlichen Instituten ... eine geeignete Stelle ledig, es werde sich hoffentlich in Zukunft erwünschte Gelegenheit dazu bieten; unterdessen wolle der König uns in den Stand setzen, unsern Arbeiten und namentlich dem unternommnen Wörterbuch in sorgenfreier Muße obzuliegen, und es werde uns aus allgemeinem Staatsfonds ein jährliches Gehalt von zweitausend Talern zugesichert.*[316]

Dazu sollte Jacob als Mitglied der Akademie der Wissenschaften von Anfang an das Recht zu Vorlesungen an der Universität haben, und für

Wilhelm, der bisher korrespondierendes Mitglied der gleichen Akademie war, stellte man dieselbe Befugnis in Aussicht.

Es waren in Inhalt und Form sehr ehrenvolle Bedingungen. Bereits in der Mitte ihrer fünfziger Jahre stehend, wurden die Brüder durch diesen Ruf wieder in ihrer äußeren Existenz abgesichert, sie waren nicht mehr ausschließlich auf Verlagshonorare angewiesen; zugleich öffnete sich vor ihnen durch die Akademie und die Universität ein verlockendes Arbeitsfeld. Deshalb nahmen die Brüder diesen Ruf, der ihnen auch weiterhin ein enges Zusammenleben ermöglichte, dankbar an. Die Eintracht der Brüder auch in finanziellen Dingen bestätigte Jacob: *Wir glauben der königlichen Absicht zu entsprechen, wenn wir den uns ausgesetzten Gehalt in zwei gleiche Hälften brüderlich teilen.*[317]

Nach nichts anders trachten wir, sagte Jacob, *als unsere übrigen Tage der Vollführung der Arbeiten, welche sich auf Sprache und Geschichte des geliebten Vaterlandes beziehen, zu widmen.*[318] Als bald darauf die Einkünfte der Brüder auf 3000 Taler erhöht wurden, stellte Jacob fest: *Dadurch werden wir endlich einmal der Sorgen überhoben und dürfen in dieser materiellen Beziehung ruhiger leben, als es uns bisher gegönnt war. Schulden haben wir zwar nie gemacht, aber auch immer alles aufge-*

braucht, was wir an Gehalt und sonstigem Verdienst einzunehmen hatten. Dabei mußte ich meine Neigung, mir ein oder das andere teure Buch zu kaufen, sehr bezähmen.[319]

Im März 1841 waren Mobiliar und Bücher der Brüder wieder einmal auf den Landstraßen unterwegs; in zwei Frachtfuhrwerken wurde alles nach Berlin transportiert, wo man in der Lennéstraße eine geeignete Wohnung gefunden hatte. Wilhelm schilderte das neue Heim: *Wir wohnen in einer erst seit zwei Jahren aufgebauten Straße an dem Rande des Tiergartens fast wie in einem Landhause, auf der einen Seite von Gärten, auf der andern von Eichbäumen umgeben ... Was der Sandboden nicht vermag, wird durch große Sorgfalt, mit welcher der ganze Tiergarten erhalten, gepflegt und geziert wird, ersetzt, und daß ich meinen Spaziergang machen kann, ohne die geräuschvolle heiße Stadt zu berühren, ist auch etwas wert. Unsere Wohnung ist zwar nicht geräumig wie in Göttingen, aber recht hübsch.*[320]

Zuerst hatten die Brüder die nötigen Antrittsbesuche zu machen. In einer Audienz wurden sie vom König willkommen geheißen; auch beim Kultusminister Eichhorn und bei Alexander von Humboldt sprachen sie vor. *Wir sind überall sehr freundlich und artig empfangen worden*[321], bestätigte Wilhelm. Trotzdem dauerte es auch hier eine Zeit, bis sich die Brüder in die neue Stadt einlebten. Besonders Jacob wollte sich vom Getriebe der Umgebung nicht allzusehr ablenken lassen: *Ich meine von Haus aus oder durch lange Verwöhnung für den Zellenfleiß gemacht zu sein und es gebricht mir für die Welt an Fasson, obgleich ich das Frische und Tüchtige in der Welt hochhalte und gern erreichte.*[322]

Aber in ihrem Wirken konnten sich nun einmal die Brüder der Öffentlichkeit nicht ganz entziehen. So führte sich Jacob mit seiner Antrittsvorlesung am 30. April 1841 vor einem größeren Auditorium in der Berliner Universität ein. Wilhelm, der inzwischen wie sein Bruder ordentliches Mitglied der Akademie der Wissenschaften geworden war, folgte mit seiner Antrittsvorlesung am 11. Mai. Jacob sprach *über die Altertümer des deutschen Rechts*[323], um nach den Göttinger Erfahrungen herauszustellen, wie bedeutsam für einen geordneten Staat das Recht sei. Bruder Wilhelm hielt, seiner poetischen Neigung getreu, einen Vortrag über das *Gudrunlied*. Begeistert begrüßten die Studenten ihre neuen Professoren; sie kannten nicht nur die fachliche Qualität ihrer Lehrer, sondern seit den Göttinger Ereignissen auch die freiheitliche Haltung dieser Dozenten.

Universität und Akademie beanspruchten vorerst die Kräfte der Brüder. Dabei weitete sich auch der Kreis der Persönlichkeiten, mit denen sie verkehrten. Neben Bettina und dem Bibliophilen Meusebach waren es Lachmann, Eichhorn, Savigny, Ranke, Schelling, Rückert, Pertz; der Bildhauer Christian Daniel Rauch sowie die Professoren Karl Gustav Homeyer und Karl von Richthofen gehörten ebenfalls zum Berliner Bekanntenkreis der Grimms. Die schlichten Brüder, die nie auf äußeren Glanz erpicht gewesen waren, wurden in die Gesellschaft der preußischen Hauptstadt eingeführt. Allerdings wurde in dieser Gesellschaft der Rang des Menschen im allgemeinen noch nicht nach dem Geldbeutel gemessen; man achtete vor allem gelehrte, dichterische, künstlerische Köpfe. Auch am Hof schätzte man diese kulturelle Elite.

So wurde das geistige Berlin öfters nach Potsdam eingeladen. Bei einer solchen Gelegenheit wurde Shakespeares «Sommernachtstraum» aufgeführt. Wilhelm berichtet: *Die Aufführung des Sommernachtstraums ... war ... ein Ereignis. Es geht für unsereinen nicht ohne einige Anstrengung ab. Ich fuhr ... schon um drei Uhr ab, da die Vorstellung auf 5 Uhr angesagt war. Als wir in Potsdam, dem Bahnhof, anlangten, war schon keine Droschke mehr zu haben ... Es blieb nichts übrig, wir mußten zu Fuß nach dem Neuen Palais gehen. Zum Glück war es schönes Wetter, und der Weg durch den Park von Sanssouci, der an einigen Stellen, wie der Rasen, noch ganz sommerlich grün war, angenehm. Aber ... müde war ich doch, als ich um 5 Uhr anlangte. Indessen war die Eröffnung des Saals ... auf 6 Uhr verlegt worden. Eine halbe Stunde vorher wurden wir eingelassen und die Versammlung schien mir zahlreicher als je. Ehe der Hof kam, trat Tieck ein, er hat seinen Sitz auch innerhalb des für den Hof geschiedenen Halbkreises, hinter welchem sich, ebenfalls amphitheatralisch, der Saal mit den Sitzen für die übrigen Zuschauer erhebt. Tieck geht ganz gebückt ... seine Augen leuchteten vor Freude, ein lang gehegter Wunsch, einmal ein Stück von Shakespeare unverkürzt und unverändert zu sehen, sollte erfüllt werden. Um 6 Uhr erschien der Hof in einem langen Zug, glänzender als je.*[324]

Jacob wurde freilich auch in Berlin kein rechter Freund solcher Hofgesellschaften, Professorenbälle oder Studentenfeste. Sein Ansehen litt nicht darunter. Seine Leistungen wurden trotzdem öffentlich anerkannt: 1841 erhielt er den Orden der französischen Ehrenlegion, und 1842 überreichte man ihm den neu gestifteten Orden Pour le mérite. Neidlos sagte Wilhelm: *Jacob ist durch den neuen Orden überrascht worden. Kein Mensch hat etwas von der Stiftung gewußt als das Ministerium. Jacob war ein paar Tage vorher ... nach Sanssouci zur Tafel eingeladen worden, am Morgen erhielt er erst den Orden ... Da es in Deutschland nur dreißig Ritter gibt, und nur eine einzige Klasse, so ist er eine besondere Auszeichnung.*[325]

Allerdings konnte sich Jacob über diese hohen Ehrungen nicht unbeschwert freuen. Etwa zur gleichen Zeit erkrankte Bruder Wilhelm wieder einmal schwer und lebensgefährlich. *Da war ich so betrübt*, sagte Jacob, *daß ich meine Arbeiten nur noch wie eine Last, nicht wie eine Lust verrichten mochte.*[326] Als Wilhelm von der Erkrankung, die sich auch auf sein Gemüt legte, endlich wieder genesen war, und als nun sein leidendes Herz wieder ruhiger schlug, veranstalteten die Studenten für ihren Professor vor seiner Wohnung eine Kundgebung, in der sie ihre Zuneigung offenbarten.

Auch Jacob klagte 1843/44 über gesundheitliche Störungen, ja, in Stunden der Schwermut hatte er vorher schon mehrfach testamentarische Verfügungen getroffen. So sind die Arbeiten der Brüder auch in diesen ersten Berliner Jahren nicht aus einem glanzvollen Leben, dem die Sorge fremd gewesen wäre, gewachsen. Wenn sie auch nicht mehr jeden Groschen, den sie ausgaben, vorher dreimal umzudrehen brauchten, mußten sie doch wie früher mit ihren gesundheitlichen Kräften haushalten, mußten auch mit bedrückenden Stimmungen fertig werden und hatten dabei ihre Zeit zwischen Universität, Akademie und reiner Forschung zu teilen.

Berlin: der Tiergarten mit der Eis-Rutschbahn bei Bellevue. Lithographie von Lütke, um 1850

Jacob griff wie in Göttingen in seinen Vorlesungen Themen auf, über die er selbst ausgiebig gearbeitet hatte, die er also aus eigener Forschung beherrschte. Die deutsche Grammatik, Rechtsaltertümer, Mythologie und die «Germania» des Tacitus stellte er seinen Hörern wieder vor. Über den Beginn seiner Kollegs sagte er: *Eine Stunde Vorlesung fordert mit Hin- und Herweg doppelte Zeit . . . Es sind mir einige dreißig bezahlende Zuhörer geblieben . . . Jede Vorlesung beginnt hier erst mit 20 Minuten, und schließt auf den Schlag einer in allen Hörsälen widerhallenden Glocke. Vorher versammelt man sich in einem Sprechzimmer, welches so wie der lange Weg vom Tiergarten nach der Universität die ruhige Sammlung für den Vortrag hindert; man muß sich erst daran gewöhnen.*[327]

Jacob gewöhnte sich daran wie an die Sitzungen der Akademie, die wöchentlich einmal stattfanden. Hier hielt er auch in diesen ersten Berliner Jahren wiederholt Vorträge, die dann zumeist in den Abhandlungen der Akademie der Wissenschaften erschienen. Die Themen: *Über zwei entdeckte Gedichte aus der Zeit des deutschen Heidentums*[328] (Merseburger Zaubersprüche), *Deutsche Grenzaltertümer*[329], *Gedichte des Mittelalters auf König Friedrich I. den Staufer*[330], *Diphthonge nach weggefallnen*

Die Universität in Berlin. Stahlstich von F. Hirchenhein, um 1840

Konsonanten[331], *Über das finnische Epos*[332], *Über Jornandes*[333], *Über das Pedantische in der deutschen Sprache*[334]. In der zuletzt genannten Arbeit prägte Jacob den für ihn typischen Satz:

Ich war von Jugend an auf die Ehre unsrer Sprache beflissen, und wie, um mich eines Platonischen Gleichnisses zu bedienen, die Hirten hungerndem Vieh einen grünen Laubzweig vorhalten und es damit leiten, wohin sie wollen, hätte man mich mit einem altdeutschen Buch durch das Land locken können.[335]

Meine Studien, sagte Jacob an anderer Stelle, *haben sich mehr mit Sprache und Altertum als mit dem Leben der einzelnen Dichter befaßt.*[336]

Dieser Richtung folgend, gab er jetzt einen dritten Teil seiner *Weistümer* heraus (1842), behandelte abermals ein sprachliches Problem in der Schrift *Frau Aventiure klopft an Beneckes Tür* (1842), legte von seiner *Deutschen Mythologie* eine zweite Ausgabe vor (1844), schrieb aber zugleich: *Außerdem schweben mir noch fünf oder gar sechs andre Bücher im Sinn und Geist vor, die ich gern schreiben möchte, zu denen allen auch Kollektaneen angelegt sind und mir beständig neue Materialien zufließen; wer weiß aber, was mir auszuführen vergönnt sein wird.*[337]

Nun, eines von den Werken, die er noch vollendete, war dann die zweibändige *Geschichte der deutschen Sprache*, an der bereits 1847 gedruckt wurde, die aber erst im Revolutionsjahr 1848 fertig wurde. Bruder Wilhelm urteilte darüber: *Jacobs Geschichte der Sprache ist ein Werk, in dem sich seine Eigentümlichkeit am kühnsten ausspricht.*[338] Jacob hielt dieses Buch *für sein bestes*, meinte aber zugleich, daß es *zu schnell niedergeschrieben, an mehreren Stellen der Nachhilfe bedarf*[339]. Mit einer einfachen Nachhilfe wäre freilich diesem Werk nicht zu dienen gewesen. Die von Jacob aufgestellte Behauptung, die Völkerschaften der Geten und Goten seien identisch, ließ sich nicht halten. Auch sonst wies der von der Philologie besessene Mann der Wirkung der Sprache auf die historische Entfaltung eines Volkes eine allzu ausschließliche Bedeutung zu. Aber welcher Entdecker, der sich auf Neuland bewegt, wäre nicht da oder dort ins Dickicht geraten? Es macht den großen Forscher Jacob Grimm nur liebenswerter, daß auch er nicht unfehlbar war. Bei den Einwänden, die vom heutigen Stand der Wissenschaft aus gegen das Buch erhoben werden, erkennt man aber auch an, daß dieses weit über den Titel hinausgreifende Werk der «großartige Versuch einer germanischen Altertumskunde»[340] geworden ist.

In gleicher Weise wie Jacob wirkte auch Wilhelm in diesen ersten Berliner Jahren als Dozent, als Mitglied der Akademie und durch seine Schriften. Auch er wiederholte vor seinen Studenten die Themen, die ihn schon in Göttingen beschäftigt hatten; er las über Freidanks «Bescheidenheit» und das «Gudrunlied». Auch dem ritterlich-höfischen Epos «Erek» des Hartmann von Aue widmete er eine Vorlesung. Es waren also wieder dichterische Werke, die im Gegensatz zu dem sprachlich orientierten Bruder seine besondere Aufmerksamkeit erregten. Bei seiner Interpretation verwandte er zwar philologische Methoden, doch übersah er nie die Poesie und den menschlichen Gehalt der Werke.

In der Einleitung zu der Gudrun-Vorlesung rühmte er die mittelalterliche deutsche Literatur: *Gedichte wie die Gudrun und das Nibelungenlied erscheinen nur selten, aber bei allen Völkern, die eine Heldenzeit gehabt haben: sie entstehen nur unter den Einwirkungen glücklicher Verhältnisse; sie entwickeln sich Jahrhunderte hindurch und scheinen einen unvergänglichen Bestand zu haben. So wachsen edle Bäume langsam und bedürfen langer Zeit, ehe sie in Blüte ausbrechen, während geringe Pflanzen ganze Felder bedecken und ihre gemeinen Blumen jeden Sommer neu hervortreiben ... Wenn das Nibelungenlied den Heldengeist in einem höheren Glanze zeigt und einen tragischen Eindruck hinterläßt, so sucht das Lied von Gudrun als Schluß ein geordnetes, beruhigtes, der Gegenwart sich erfreuendes Dasein.*[341]

Die Gestalt Gudruns erschien dem sensiblen Gelehrten besonders liebenswert: *Wie sie unter Herabwürdigungen aller Art den Adel ihrer Seele bis zu dem Augenblick der Erlösung unbefleckt bewahrt, das ist mit einer Kraft und Wahrheit, mit einer Innigkeit geschildert, die dieses Gedicht zu dem Schönsten erhebt, was die Poesie je hervorgebracht hat. Es ist lauteres Gold ohne Beimischung eines unedeln Metalls.*[342]

Wie hier eine Frau aus der höfischen Welt, so stand mit «Erek» eine ritterlich männliche Gestalt in der Mitte von Wilhelms Betrachtungen. *Das letzte Ziel dieser Vorlesung*, sagte er, *ist kein anderes, als das ich bei meinen übrigen im Auge gehabt habe. Ich wünsche, Sie in den Geist des deutschen Altertums so lebendig und wahrhaft, als es in meinen Kräften steht, einzuführen. Nicht bloß auf Gelehrsamkeit ist es abgesehen, die tot ist, wenn sie nichts als sich selbst sucht; ich möchte dazu beitragen, daß Sie lernen, die Gegenwart auch aus der Vergangenheit, mit der sie durch unzählige Fäden zusammenhängt, zu erkennen.*[343]

Für seine Akademie-Reden wählte Wilhelm wie sein Bruder Spezialprobleme, er sprach über *Die Sage vom Ursprung der Christusbilder*[344], über *Bruchstücke eines verlorenen altdeutschen Gedichtes, in welchem zwei Freunde, Athis und Prophilias, als Hauptpersonen erscheinen*[345], und über die sogenannten Kasseler Glossen (*Glossae Cassellanae*[346]).

Bei den Buchausgaben setzte Wilhelm seine Beschäftigung mit Konrad von Würzburg fort und gab dessen Legendendichtung um den Papst *Silvester* heraus (1841). Er veröffentlichte den *Grâve Ruodolf* in einer zweiten Ausgabe (1844) und nahm sich schließlich wieder seines Lieblingsbuches an, der *Kinder- und Hausmärchen*, deren Große Ausgabe neben der laufenden Kleinen Ausgabe nun schon in 5. Auflage (1843) erscheinen konnte.

Natürlich freute sich auch Jacob über den wachsenden Erfolg ihres gemeinsamen Märchenwerkes, selbst wenn die Arbeit an den Neuauflagen mehr und mehr in Wilhelms Hand gegeben war. Als gemeinschaftliches Spätwerk der Brüder drängte nun immer stärker das *Deutsche Wörterbuch*. Kein Wunder, daß man vor diesem Arbeitsberg in einem Brief an Gustav Freytag, der sich an der Wörtersammlung beteiligte, die *immer erneuten Störungen und Abhaltungen*[347] beklagte und daß man an Karl Simrock schrieb, die vielerlei Tätigkeiten und die unvermeidbaren gesellschaftlichen Verpflichtungen *reißen einem die Zeit aus den Händen*[348].

So steckte man immer noch in der vorbereitenden Phase für das Wörterbuch; noch war kein einziger Band erschienen. In einem *Bericht über das Deutsche Wörterbuch* legte Wilhelm auf den Verhandlungen der Germanisten in Frankfurt a. M. 1846 die Situation dieses Unternehmens dar: *Ein Werk dieser Art bedarf langer und mühsamer Vorarbeiten, deren Beendigung nicht erzwungen werden kann . . . Ich brauche nicht zu sagen, daß die Kräfte Zweier, zumal wenn sie über die Mitte des Lebens längst hinweggeschritten sind, nicht zureichen, diesen Schatz zu heben, kaum zu bewegen: aber ganz Deutschland . . . hat uns treuen Beistand, manchmal mit Aufopferung, geleistet.*[349] Im Bewußtsein, daß die Hilfe der zahlreichen Mitarbeiter doch zum Erfolg führen müsse, stellte Wilhelm noch einmal das Ziel des Wörterbuchs heraus: *Wir wollen der Sprache nicht die Quelle verschütten, aus der sie sich immer wieder erquickt, wir wollen kein Gesetzbuch machen, das eine starre Abgrenzung der Form und des Begriffs liefert und die nie rastende Beweglichkeit der Sprache zu zerstören sucht. Wir wollen die Sprache darstellen, wie sie sich selbst in dem Lauf von drei Jahrhunderten dargestellt hat, aber wir schöpfen nur aus denen, in welchen sie sich lebendig offenbart.*[350]

So blieben die Brüder, auch wenn sie noch nicht das Ende dieser Arbeit absahen und noch kein gedrucktes Resultat vorweisen konnten, dem riesigen Plan treu. Eine Quelle ihrer Kraft war dabei das brüderliche Zusammenleben und die harmonische Ehe Wilhelms. Dessen Frau Dortchen kümmerte sich nicht nur um die heranwachsenden, gut gedeihenden Kinder Herman, Rudolf und Auguste, sie war auch zu Jacob und Wilhelm voller Güte. Als man 1846 in die Dorotheenstraße und 1847 in die Linkstraße umziehen mußte, schuf sie wieder jene kultivierte, gemütvolle Atmosphäre, die der Brüder für ihre Arbeit brauchten.

Als sie einmal bedrohlich erkrankte und nur langsam wieder zu Kräften kam, zeichnete Schwager Jacob in einem Brief vom Sommer 1847 ihr Bild:

Der liebe Gott sei gepriesen, daß er Dich aus der großen Gefahr errettet und für uns alle erhalten hat. Du darfst uns gar nicht sterben, denn Du bist allen am nötigsten, der Wilhelm hätte in Dir bloß seine Frau verloren, aber ich hätte in Dir auch meine Mutter verloren, denn ob ich gleich älter bin als Du, habe ich Dich so lieb wie meine Mutter und Du sorgst für mich wie meine Mutter; wer hätte sich dann meiner annehmen wollen und können? [351]

Jacob Grimm mit dem Orden Pour le mérite. Stich von L. Sichling nach einem Gemälde von C. Begas

Wenn man an die Reisen denkt, die von den Brüdern Grimm unternommen wurden, darf man natürlich nicht unsere heutigen Maßstäbe anlegen. Die Jugend der Brüder fiel noch in die Postkutschenzeit. Wilhelm brauchte 1809 für seine Fahrt von Berlin nach Halle *drei Nächte und zwei Tage ohne Ausruhn*[352]. Die erste Eisenbahn auf deutschem Boden fuhr 1835 zwischen Nürnberg und Fürth. Im Jahre 1840, als Jacob und Wilhelm nach Berlin berufen wurden, umfaßte das Netz der Eisenbahnen in Deutschland erst etwa 550 Kilometer.

Allerdings waren es nicht nur die langsamen Verkehrsmittel, die Wilhelms Reisen einschränkten. Der kränkliche Gelehrte mußte stets auf seine Gesundheit achten, und wenn er sich schon in den Wagen setzte, war sein Ziel meist ein Erholungsort. 1832 notierte er: *Ich werde wohl den . . . Familiennamen «Bleibimhaus» annehmen müssen, denn meine kleinen Reisen sind alle mit Widerwärtigem verbunden. Vor zwei Jahren gelangte ich nicht weiter als Fulda, und der Aufruhr im Hanauischen nötigte mich umzukehren: In den diesjährigen Pfingstferien machten wir alle zusammen, denn meine Frau war auch dabei, eine Reise nach Hannover, aber gleich bei der Ankunft ward ich ziemlich heftig krank und konnte von den acht Tagen nur zwei außer dem Bette zubringen.*[353]

Daher begab sich Wilhelm auch nicht ins Ausland. Auf deutschem Boden aber lernte er im Laufe der Jahre doch eine Reihe von Städten kennen, so Heidelberg, Frankfurt, Wiesbaden. Er besuchte auch die Orte seiner Jugend, Steinau und Marburg. Das heimatliche Hessen machte ihm ebensoviel Freude wie die Landschaft an den Ufern des Rheins. Westfalen und Franken suchte er gern auf. In seinen Berliner Jahren fand er dann für die Ferienaufenthalte Erholung in der Waldlandschaft der deutschen Mittelgebirge, der Harz und der Thüringer Wald waren dabei seine bevorzugten Gebiete.

Auf diesen Reisen genoß er die Schönheit des Landes und die Kunst der Städte. So schrieb er 1841: *Von Meiningen nach Ilmenau . . . geht ein neuer, eben erst eröffneter Weg durch den Thüringer Wald, der ganz prächtige Aussichten gewährt.*[354] Und über eine Frankenreise 1846 erzählte er: *Ich habe mich in Bamberg und Nürnberg an den geschichtlichen Eigentümlichkeiten dieser Städte und an dem Kunstsinn, der sie Jahrhunderte lang belebte, wahrhaft erquickt . . . Aschaffenburg ist am Main reizend gelegen: die Bibliothek bewahrt alte Handschriften mit schönen Miniaturen. In Hanau überließ ich mich den Erinnerungen aus meiner Kindheit.*[355] Über einen Aufenthalt in Freienwalde an der Oder (1848) sagte er: *Man glaubt nicht, in der Nähe von dem sandigen Berlin so eine anmutige Landschaft zu finden, schöne Berge, grüne Wiesen, einen Fluß mit Segelschiffen, herrliche Buchenwälder mit tiefen Schluchten und einer Einsamkeit, in der das Herz aufgeht.*[356]

Auch bei einem Besuch in Harzburg (1849) gefielen ihm besonders die einsamen Waldwege: *Schluchten, Anhöhen, Wälder und Wiesen, das reinste Wasser, das über die überall zerstreuten Granitblöcke springt, kann man nach Belieben aufsuchen, und immer kommt die stärkende, erquickende Bergluft entgegen.*[357]

Die friedliche, von der Industrie noch nicht verletzte Landschaft war es, die Wilhelm auch in seinen späteren Berliner Jahren als Ziel seiner Ferien- und Erholungsreisen wählte. Im Sommer 1852 schrieb er: *Seit einer Woche sind wir ... in einer kleinen Bergstadt am Fuß des Thüringerwaldes: aus den gegenüberliegenden Tannenwäldern strömt uns reine, frische, erquickende Luft entgegen ... Dabei leben wir in voller Stille und Einsamkeit.*[358] 1856 schrieb er: *Seit einigen Wochen habe ich meinen Wohnsitz mitten im Harz aufgeschlagen und es gefällt mir und meiner Frau recht gut. Auf der einen Seite ist die Gegend frei und man schaut in die weite Ferne, auf der andern reichen ganz in der Nähe reichbewaldete Berge ihr Haupt in die Höhe, die im Hintergrund der Brocken zuschließt, dazwischen ein prächtiger, schattiger Weg neben der Ilse, die über Granitblöcke rasch vorbeispringt. Die Luft ist frisch und erquickend.*[359]

Landschaften, wie sie auf den Bildern der romantischen Maler erschienen, waren auch für Wilhelm Grimm ein Labsal. Er suchte den unzerstörten Wald, das stille Tal, die reine Luft. Die Nähe der deutschen Landschaft genügte ihm.

Bruder Jacob, der bereits in den napoleonischen Jahren zwischen Paris und Wien ein beträchtliches Stück von Europa gesehen hatte, unterschied sich hier von Wilhelm. Freilich waren bei ihm die Reisen auch häufig mit seinen Studien verknüpft. So sagte er schon 1809, als junger Mann: *Ich möchte von Herzen gern reisen, einige Jahre, weil ich weiß, wie erstaunlich weiter das unser Studieren bringen wird.*[360] Auf die Dauer wollte er aber von Deutschland nicht fortgehen, so gestand er 1830: *Ich habe mir nie gewünscht, mein Vaterland auf immer zu verlassen, oft aber, den andern Weltteil auf kurze Zeit zu bereisen, wäre es nur, um die uns verdeckte Seite des Sternenhimmels zu sehen.*[361]

In der Kasseler Zeit (zwischen 1816 und 1830) besuchte er, hauptsächlich zu Studienzwecken, eine Reihe von Städten: Göttingen, Frankfurt, Heidelberg, Fulda, Gießen. In den Bibliotheken suchte er nach Handschriften und alten Büchern. Aber dazwischen wanderte er auch einmal *mit einem Ränzel auf dem Rücken*[362] fast zwei Wochen zu Fuß durchs Land und erneuerte in Steinau Erinnerungen an seine Kindheit.

In die Göttinger Zeit fielen zwei Auslandsreisen. In der Schweiz wollte Jacob die umfangreiche Bibliothek des Privatgelehrten Joseph von Laßberg besichtigen (1831): *Also fuhr ich wieder einmal mit roten, blauen und gelben Postillons ... ein Stück in die Welt hinein.*[363] Natürlich breitete der Bücherliebhaber Laßberg seine Bestände vor dem Besucher aus, *aber den nächsten Tag ließ er anspannen und fuhr uns ein Stück in die Schweiz hinein, über Winterthur, Zürich, Zug nach dem Rigi, welcher glücklich bestiegen wurde. Herunter gings auf dem Vierwaldstätter See nach Luzern.*[364] Einige Jahre später (1834) reiste Jacob nach Brüssel und Gent. Über die Brüsseler Tage berichtete er in Entdeckerfreude: *Ich ... schreibe von acht Uhr bis drei Uhr auf der Bibliothek ab, wo ich gleich ein völlig unbekanntes lateinisches Gedicht, soviel ich sehe aus dem 11. Jahrhundert, in zwei Pergamenthandschriften fand; es gehört zur Tierfabel von Fuchs und Wolf.*[365]

Weniger literarisch war eine Reise, die Jacob nach seiner Göttinger Entlassung 1838 durch Franken, Sachsen und Thüringen unternahm. Damals

Wilhelm und Jacob Grimm. Zeichnung von L. E. Grimm, Berlin 1843

benutzte er auch zum erstenmal zwischen Nürnberg und Fürth in einer Fahrt von etwa zwölf Minuten die Eisenbahn und sah, wie das Dampfroß im Begriff war, die Vierbeiner abzulösen. Unterwegs sprach sich der stellungslose Professor mit Kollegen aus, besuchte in Erlangen den Altphilologen Ludwig Döderlein und den Professor der Naturgeschichte Karl Georg von Raumer. In Kissingen debattierte er mit seinem Leidensgenossen Dahlmann, in Jena mit dem Verleger Frommann und dem Theologen Schwarz. Offenbar hatte Jacob in seiner damaligen Lage das Bedürfnis, sein Herz im Gespräch mit Freunden zu erleichtern.

Während der darauffolgenden Berliner Jahre konnte Jacob dann ohne Geldsorgen in die Welt hinausfahren, um den Süden und Norden Europas näher kennenzulernen. In das Jahr 1843 fällt seine italienische Reise. Noch hatte die Eisenbahn nicht alle Wege erobert. Manche Strecken waren noch dem Postwagen vorbehalten, dazwischen gab es auf dem Rhein oder den

Schweizer Seen das Dampfschiff, ein Dampfer trug den Reisenden von Genua nach Neapel. Jacob betrachtete Italien mit erlebnishungrigen Augen. Die Landschaft, die Relikte der Geschichte, die Kunstdenkmäler studierte er ebenso eifrig wie Sitte und Lebensart der Menschen. Besonders angetan hatte es dem Sprachforscher aber der Wohllaut der italienischen Sprache.

Er rühmte das tausendjährige Rom: *Schon wenn man dieser stolzen Stadt, die nun 2600 Jahre zählt, auf der Via Appia näherkommt und die edlen Bogentrümmer großartiger Wasserleitungen erblickt, fühlt man sich im voraus für die alten Römer ... eingenommen ... Ganz Rom bildet ungeheure Steinmassen, allenthalben in endloser Reihe strecken sich Mauern; es ist, als hätten die wieder geordneten und die im Schutt liegenden Steine ihre Geschichte, und wären sich bewußt einer andern Bindung, die zusammengestürzt ist. Was würden sie erzählen, könnten sie reden! Wie gewaltig ragt noch immer das stehngebliebne Alte aus den Kreisen hervor, die spätere Geschlechter dazwischen und an seine Stelle setzten! ... In Rom geht nichts über den Anblick des Forums, wo man das Kapitol hinter sich, das Kolosseum vor sich hat.*[366]

Während er *die ausnehmende Schönheit und Gelenkigkeit der italienischen Sprache*[367] bewunderte, besuchte er auch Neapel, Florenz, Mailand und Venedig. Mit reichen Eindrücken kehrte er von dieser Reise heim, um im nächsten Jahr (1844) in Dänemark und Schweden den Norden zu erleben. Die Hauptstationen waren Kopenhagen, Stockholm, Uppsala. Erinnerungen an die Schwedenkönige Gustav Wasa, Gustav II. Adolf und Karl XII. tauchten vor dem Geschichtskundigen auf.

Von der Fahrt über die Ostsee war Jacob stark beeindruckt und meinte, daß auch bei graueren Farben *das ungestüme Element nichts von seiner Erhabenheit*[368] verliere. *Schweden, das Land der langen, lichten Sommernächte*[369] war dem Kenner germanischer Sprachen eine vertraute Landschaft. *Für den deutschen Forscher ist Skandinavien klassischer Grund und Boden, wie Italien für jeden, der die Spuren der alten Römer verfolgt.*[370] Der Gegenwart zugewandt, wußte Jacob auch Lobenswertes über das Volk zu sagen: *Diese Nordländer sind ruhig und gemessen, aber in alle Tiefen des menschlichen Geistes einzugehn fähig und geneigt.*[371]

Jacob, der seine *italienischen und skandinavischen Eindrücke*[372] in der Berliner Akademie vortrug (1844), war 1847 auf einer Auslandsreise in Wien und Prag und berührte 1853 auf einer Fahrt, die ihn nach Südfrankreich führte, Marseille, um dann über Venedig, Österreich, Prag wieder nach Berlin heimzufinden. *Wären allerwärts Eisenbahnen*, schrieb er, *so ginge alles bequemer vonstatten, doch wohl die Hälfte der Wege hatte ich auf die alte mühsame Art zurückzulegen.*[373] Daß der damals achtundsechzigjährige Jacob Grimm sich nicht scheute, *die alte mühsame Art* der Pferdekutsche hinzunehmen, zeugt davon, daß der Bücherkundige bis in sein Alter hinein willens war, sein Weltbild durch persönliche Kenntnis von Land und Leuten zu erweitern.

Jacob Grimm. Zeichnung von Franz Krüger

Die Preußische Akademie der Wissenschaften in Berlin

ERSCHÜTTERUNGEN DER JAHRHUNDERTMITTE

Kehren wir in die Zeit vor dem Revolutionsjahr 1848 zurück. Die Brüder
Grimm verfolgten schon in ihrer Jugend die großen politischen Vorgänge,
denn die Napoleonischen Kriege hatten auch in ihr eigenes Leben tief ein-
gegriffen. Durch den Protest der «Göttinger Sieben» wurden sie unmittelbar in die Tagesereignisse einbezogen. Erst ihre Berliner Jahre gehörten
wieder allein der wissenschaftlichen Arbeit. Dabei glaubten sie, daß ihre
Beschäftigung mit Sprache und Literatur auch auf den Tag wirken könnte
und daß ihr Werk dem Volk und seiner Entfaltung diene. In diesem Sinn
fühlten sie sich dem politischen Strom ihrer Zeit verbunden.

Einheit und Freiheit waren gegen die Mitte des 19. Jahrhunderts die
Parolen, die in den deutschen Landen immer lauter erklangen. Das Volk
drängte zu einem intensiveren Zusammenschluß der vereinzelten Länder;
gleichzeitig forderte es von den Regierungen seine Grundrechte. Im vor-
märzlichen Berlin freilich schienen die führenden Kreise nicht zu spüren,
daß sich ein Aufbegehren ankündigte. Wilhelm Grimm schildert einen
Besuch bei Savigny, der 1842 preußischer Minister geworden war: *Bei
Savignys geht es jetzt sehr vornehm her. Die Treppe ist mit Gas beleuchtet
und mit Bäumen und Blumen besetzt. Tritt man in den Flur, so wird gleich
vom Portier geklingelt, dann erscheinen im Vorzimmer zwei Livree-
Bediente, blau mit Silber, und nehmen einem die Mäntel ab, dann reißen
sie die Türen auf und führen einen durch zwei erwärmte und erleuchtete
Zimmer in das Kabinett, was aber auch ein großes viereckiges Zimmer ist,*

himmelblau mit Gold, ganz mit Bildern behängt, wo Frau von Savigny auf einem Diwan sitzt, hinter einem großen runden Tisch. Sie steht nicht auf, sondern erwartet ihre Gäste, er aber kommt ganz freundlich entgegen und reicht die Hand ... Dann wird Tee herumgereicht. Um ein Viertel auf elf werden allerlei feine Speisen, mehr oder weniger, wie die Gesellschaft groß ist, von den Bedienten gebracht und angeboten ... Man setzt den Teller auf den Mahagonitisch, die Bedienten müssen alles in weißen Handschuhen reichen und den Wein einschenken.[374]

Selbst Wilhelm, der doch geselliger war als Jacob, stöhnte zuweilen, wenn er von solchen oder ähnlichen Gesellschaften heimkehrte: *Neues gibt es hier nichts als alle Tage etwas anderes, Störungen, Einladungen und Gesellschaften, alles unabwendbar; dafür habe ich andere Stunden glücklicher Muße und Zeit zum Arbeiten, und sitze fest dabei, bis der Augenblick kommt, wo ich, wie eine Taste auf dem Klavier, angeschlagen werde, aufspringen und klingen muß.*[375]

Inzwischen debattierte man auf Tagungen und bei politischen Begegnungen immer lauter die drängenden Fragen. Auch fachliche Kongresse gingen an den Ereignissen des Tages nicht mehr vorüber; die Juristen verlangten ein Recht, das für ganz Deutschland verbindlich sein sollte. Und als nun 1846 die erste Germanistenversammlung in den Frankfurter Römer einberufen wurde, erklang auch hier der Ruf nach einer deutschen Einigung.

Ein Menschenalter hatte es gedauert, bis die neue Wissenschaft sich in dieser Tagung manifestieren konnte. Etwa zweihundert Sprachforscher, Historiker und Juristen waren zusammengekommen. Uhland machte den Vorschlag, Jacob Grimm zum Vorstand der Versammlung zu berufen. Einmütig folgte man diesem Antrag und bekannte damit, daß Jacob sich um die Entwicklung der Germanistik in entscheidender Weise verdient gemacht hatte.

Jacob hielt dabei mehrere Vorträge *Über die wechselseitigen Beziehungen und die Verbindung der drei in der Versammlung vertretenen Wissenschaften*[376], *Über den Wert der ungenauen Wissenschaften*[377] und *Über den Namen der Germanisten*[378], während Wilhelm den *Bericht über das Deutsche Wörterbuch*[379] lieferte.

Zwar war es eine Fachtagung, aber Jacob meinte bei seiner Ansprache, es sei notwendig, *auf dem Boden der Geschichte, des Rechts und selbst der Sprache aufsteigende Fragen, die an das politische Gebiet streifen, mit wissenschaftlicher Strenge aufzunehmen und zu verhandeln. Mitten auf solcher Grenze auszuweichen, in lebendiger, alle Herzen bewegender Gegenwart, würde einzelner Männer unwert scheinen, geschweige einer Versammlung.*[380]

Jacob wünschte, daß die Ergebnisse der Tagung ins Land hinauswirken sollten: *Nicht ohne glücklichste Vorbedeutung treten wir zusammen in einer Stadt, die von alters her als das Herz deutscher Geschichte betrachtet werden kann. Hier in Frankfurt sind so viele deutsche Ereignisse vorgegangen ... Wie oft mag bange Erwartung dahin, wo wir nun versammelt sind, auf das was hier über Deutschland beschlossen werden sollte, hingeblickt haben!*[381]

Als Jacob dann bei der zweiten Germanistenversammlung in Lübeck

(1847) wieder zum Vorsitzenden gewählt wurde, war es sein erneuter Wunsch, es möge auf dieser Tagung *alles enge Landschaftliche entfernt*[382] bleiben. Der Wunsch nach einer deutschen Einigung klang aus den Worten, es möchten *nach und nach alle Deutschen an diesen Versammlungen teilnehmen können*[383].

Im Anschluß an die französische Februar-Revolution von 1848 kam es dann zu der revolutionären Bewegung in Deutschland, Österreich, Ungarn und Italien. Auch in Berlin floß im März Blut. Endlich stimmten die Regierungen einer Deutschen Nationalversammlung in Frankfurt zu, die die Verfassung für einen neuen deutschen Bundesstaat finden sollte. Auch Jacob Grimm wurde als Abgeordneter für dieses Parlament gewählt, das sich im Mai 1848 in der Frankfurter Paulskirche mit großen Hoffnungen versammelte. Während Wilhelm in Berlin mit seiner Familie zurückblieb, siedelte Jacob für einige Monate nach Frankfurt über.

Jacob gehörte keiner Partei an und hielt auch nur wenige Reden. Und doch ließ sich aus seinen Ausführungen eindeutig seine Haltung erkennen. Bei der Behandlung der Grundrechte führte er aus: *Der Begriff von Freiheit ist ein so heiliger und wichtiger, daß es mir durchaus notwendig erscheint, ihn an die Spitze unserer Grundrechte zu stellen. Ich schlage also vor, daß . . . ein erster Artikel folgenden Inhalts eingeschaltet werde: «Alle Deutschen sind frei, und deutscher Boden duldet keine Knechtschaft. Fremde Unfreie, die auf ihm verweilen, macht er frei.» Ich leite also aus dem Rechte der Freiheit noch eine mächtige Wirkung der Freiheit her, wie sonst die Luft unfrei machte, so muß die deutsche Luft frei machen.*[384]

Des weiteren setzte sich Jacob in der Schleswig-Holsteinischen Frage für die deutschen Interessen ein und forderte, im Innern Deutschlands ständische Vorrechte zu beseitigen. Er erklärte: *In Bezug auf den Adel trage ich darauf an: «Aller rechtliche Unterschied zwischen Adeligen, Bürgerlichen und Bauern hört auf, und keine Erhebung weder in den Adel noch aus einem niedern in den höheren Adel findet statt.»*[385]

Unbefriedigend aber schleppten sich die Debatten in der Paulskirche dahin. Schon die folgenden Worte ließen eine gewisse Enttäuschung Jacobs ahnen: *Als ich hierher reiste und die Natur prangen sah, wie noch nie, da war es natürlich, zu denken, daß auch die schwellenden Knospen unserer Einheit und Freiheit bald ausbrechen möchten . . . In Frankfurt angekommen, sah ich, daß wir die Geschäfte auf die alte diplomatische Weise in die Länge ziehen.*[386]

Je mehr das Frankfurter Parlament die Dinge zerredete, je mehr sich die inneren Streitigkeiten hervordrängten, desto mißmutiger wurde Jacob. Er fühlte sich unglücklich unter den *tosenden Menschen, die gegeneinander reden und hadern*[387]. Er klagte, er müsse *unaufhörliche Reden und Worte*[388] anhören, und spürte dabei, wie die ursprüngliche Begeisterung in der Paulskirche erlosch. Mit bitteren Gefühlen und enttäuscht legte Jacob im Oktober 1848 sein Mandat nieder und fuhr nach Berlin zurück: *Heimgekehrt nach fast halbjähriger Abwesenheit, wende ich von bald erhebenden bald niederdrückenden Geschäften unsers öffentlichen, jetzt sturmbewegten Lebens mich froh wieder zur gewohnteren stillen Arbeit, der in meinen Augen nichts von ihrem Reiz abgegangen ist.*[389]

Wilhelm Grimm. Zeichnung von Franz Krüger

Das Frankfurter Parlament konnte die erweckten Erwartungen nicht befriedigen, das nach Stuttgart verlegte «Rumpfparlament» wurde im Juni 1849 aufgelöst. Die Bemühungen waren erfolglos geblieben. Die Ideale von Einheit und Freiheit schienen unerreichbar. Aufstände in Sachsen und Baden änderten daran nichts. Die alten Mächte beherrschten wieder die Szene.

Alle Gegensätze dieser furchtbaren Zeit[390] erregten natürlich auch Bruder Wilhelm, der das blutige Schauspiel der Berliner Straßenkämpfe aus der Nähe erlebt hatte. Jacob wurde noch oft von dem Scheitern der Frankfurter Hoffnungen bedrückt. Er sprach sich selbst Mut zu, als er 1849

Wilhelm Grimms Kinder. Radierung von L. E. Grimm, um 1838

schrieb: *Unter allen bessern Menschen kann und darf die Zuversicht auf Deutschlands unausbleibliche Einheit nicht untergehn, und diese Einheit wird dann alle andern Gebrechen und Schäden leicht heilen. Ich habe festen Glauben auch an das, was ich vielleicht nicht mehr erlebe.*[391] Die gesamte Situation legte sich aber öfters wieder auf sein Gemüt, und 1851 bekannte er: *Niedergeschlagner und betrübter bin ich in meinem Leben nie gewesen als seit dem letzten halben Jahr.*[392]

1852 schrieb Jacob: *Unser öffentliches Unglück ist schwer, und wie frei und hoffnungsreich atmeten wir sonst! Es wird und muß wieder einmal reiner Himmel stehn über unserm Vaterland, und bekäme ich nur noch eine kleine Ecke davon am Horizont zu sehn, eh ich sterbe!*[393]

Aus späteren Jahren sind Worte Jacobs bekannt, die noch düsterer klingen. Revolutionär heißt es in einem Brief (1858) an Georg Waitz: *Wie oft muß einem das traurige Schicksal unsers Vaterlandes in den Sinn kommen und auf das Herz fallen und das Leben verbittern. Es ist an gar keine Rettung zu denken, wenn sie nicht durch große Gefahren und Umwälzungen herbeigeführt wird ... Es kann nur durch rücksichtslose Gewalt geholfen werden.*[394]

Aber auch mit solchen, gelegentlich aufbrausenden Worten war Jacob kein Mann der Gewalt geworden. Sie bezeugen nur seinen tiefen Unmut, daß der politische Traum des Volkes, das sich ein Zusammenleben in Einheit und Freiheit gewünscht hatte, nicht erreicht worden war.

Dortchen (Dorothea) Grimm, geb. Wild. Zeichnung von L. E. Grimm

Die Brüder Jacob und Wilhelm Grimm waren um 1850 in die Jahre gekommen, in denen sich die meisten Menschen von Amt und Bürden zurückziehen. Materiell gesichert und hochgeachtet, hätten sie sich auf ihren Lorbeeren ausruhen können. Wohl beendeten sie ihre Vorlesungen an der Universität: Jacob 1848, Wilhelm 1852. Aber sie gaben ihre Dozententätigkeit nicht deswegen auf, um sich im Glanz des Erreichten tatenlos zu sonnen. Dem äußeren Schein abhold, liebten sie es vielmehr, immer stiller, immer zurückgezogener zu leben. Dabei erfüllten sie als Forscher und Gelehrte ihre Zeit bis zuletzt.

Der Gedanke an die Vergänglichkeit des menschlichen Lebens blieb ihnen nahe, aber er lähmte ihr Streben nicht. Mit einer gewissen Gelassenheit sagte Jacob bei einer Lesung in der Akademie Ende 1849: *Mitten im Geräusch und in der Arbeit des Lebens werden wir allenthalben an seinen Ausgang gemahnt, dessen ernster Betrachtung unser Nachdenken nicht ausweichen kann; nur kurze, schnell vorbeirauschende Zeit und wir sind selbst unter dem großen Heer versammelt, in das jeder einrücken muß und von wannen keiner wiederkehrt.*[395]

Und ein Jahr später schrieb er in Erinnerung an die geleistete Arbeit: *Schnell dahin geronnen ist unser Leben, wir haben unsre Kräfte ehrlich angesetzt, daß unter den nächstfolgenden Menschen unser Andenken noch unverschollen sein wird, hernach mag es zuwachsen.*[396]

Aber Jacob war nicht willens, sich mit dem Geschaffenen zu begnügen. Er wollte die Feder erst dann aus der Hand legen, wenn er sie nicht mehr zu halten vermochte. Und doch sah er, wie der Tod unter Altersgenossen und Jüngeren seine Ernte hielt. Lachmann starb 1851, Schmeller folgte 1852. Im gleichen Jahr starb auch der jüngere Bruder Karl Grimm, nachdem Bruder Ferdinand bereits vor Jahren gestorben war. Von den Geschwistern lebte außer Jacob und Wilhelm nur noch der Malerbruder Ludwig Emil.

Von Wilhelm war man es ja gewohnt, daß er gesundheitlich labil war, aber nun meldeten sich auch bei Jacob wiederholt stärkere Beschwerden. Sein Herz machte ihm zu schaffen, so daß der herzkranke Wilhelm über Jacobs Leiden 1853 sagte: *Ich habe es bereits länger als vierzig Jahre und bin daran gewöhnt, aber seltsam, seit einem Vierteljahr klagt auch Jacob darüber, und es scheint, wir sollen auch darin Gemeinschaft haben.*[397]

Erholung fanden dann die Brüder doch immer wieder in dem geordneten Familienkreis, der von Dortchen trotz ihrer Anfälligkeit gütig und liebevoll zusammengehalten wurde. Die Kinder von Wilhelm und Dortchen waren nun schon *erwachsen, verständig und brav*[398], die beiden Söhne Herman und Rudolf waren dem kleineren Onkel Jacob bereits seit Jahren *über den Kopf gewachsen*[399]. Jacob fühlte sich in der herzlichen Atmosphäre der brüderlichen Familie wohl, einem seiner Bewunderer schrieb er 1854: *Sie urteilen ganz recht, daß ich unverheiratet lebe, ich bin aber nicht ungeliebt, und meines Bruders Kinder sehen mich wie ihren andern Vater an.*[400]

Das Forum Romanum. Kupferstich von L. Oeder nach einer Zeichnung von A. Blaschnik

Wenn auch in diesem Gelehrtenheim die Arbeit an vorderer Stelle stand, so fehlten ihm doch nicht die Erheiterungen des Alltags. Es war kein freudloses Haus. Die Brüder stellten ihre Blumen ans Fenster, sie pflegten die Stöcke selber. Wilhelm hatte Primeln gern, Jacob bevorzugte Goldlack und Heliotrop. Die Brüder hatten sich in ihren Arbeitszimmern eine behagliche Umwelt geschaffen: an den Wänden hingen zahlreiche Bilder, einige Büsten waren aufgestellt, die Öfen verbreiteten Wärme, auf den Schreibtischen lagen verschiedene Andenken, oft standen hier auch ein paar Blumen in der Vase, und natürlich gab es auf Abstellpulten und in Regalen Bücher, Bücher und nochmals Bücher.

Hier schrieben die Brüder denn auch die vielen Rezensionen, Aufsätze und die Reden, die sie bei den Sitzungen der Akademie der Wissenschaften vortrugen. Abdrucke erfolgten dann in den Abhandlungen der Akademie, teilweise wurden auch Sonderdrucke hergestellt. Später wurden diese Arbeiten in die *Kleineren Schriften* der Brüder aufgenommen.

In der Akademie-Rede *Über Schule, Universität, Akademie* (1849)[401] sagte Jacob über das Wesen der Wissenschaft: *Das Forschen . . . muß so endlos sein wie der sich über uns dehnende Raum, in dessen unermessene Fernen wir immer weiter vordringen. Jede Wissenschaft ist ein sich wölbender Tempel, am Giebel aber bleibt eine Öffnung, die nicht kann zugemauert werden, gleichsam ein Anblick des menschlichen Augen undurchdringbaren Himmels . . .*[402] *In der menschlichen Seele glimmen alle Wissenschaften und können unmittelbar aus ihr zur Flamme aufschlagen. Aber der genügsamen Anschaulichkeit indischer Waldeinsiedler, auf de-*

115

Das deutsche Parlament in Frankfurt, am 16. September 1848

ren still haltendem Haupt Vögel ihre Nester bauen, hat sich die Welt längst
entrückt und unablässig gestrebt, ein aus der Vorfahren Hand empfang-
nes, in sich wucherndes Erbe der Hand der Nachkommen zu überlie-
fern.[403]

Die Abhandlung *Über den Ursprung der Sprache* (1851)[404] gab das
Fazit von Jacobs sprachwissenschaftlichen Einsichten: *Alles verbürgt uns,
daß die Sprache Werk und Tat der Menschen ist, Tugenden und Mängel
unserer Natur an sich trägt ... Von allem, was die Menschen erfunden und
ausgedacht, bei sich gehegt und einander überliefert, was sie im Verein mit
der in sie gelegten und geschaffenen Natur hervorgebracht haben, scheint
die Sprache das größte, edelste und unentbehrlichste Besitztum.*[405]

Unter den Akademiebeiträgen Jacobs war die *Rede auf Lachmann*
(1851)[406] ein ehrendes Gedenkblatt für den verstorbenen Freund, während
die *Rede auf Schiller* (1859)[407] ein Zeugnis der Verehrung für Goethe und
Schiller wurde, *zwei fast unmittelbar am Horizont des vorigen Jahrhunderts aufleuchtende Gestirne*[408].

Die Liste seiner selbständigen Publikationen konnte Jacob mit einer
Darlegung *Das Wort des Besitzes* (1850)[409] fortführen, dann folgten
neben der dauernden Arbeit am *Wörterbuch* eine Reihe von Neuauflagen

früherer Werke. Die ersten beiden Teile der *Deutschen Grammatik* kamen 1852 in einem unveränderten Neudruck heraus, die *Geschichte der deutschen Sprache* erlebte ihre 2. Auflage (1853), eine 2. Auflage der *Deutschen Rechtsaltertümer* gab es 1854, während von der *Deutschen Mythologie* 1854 eine 3. Auflage vorgelegt wurde – ein Beweis, daß nach diesen gelehrten Werken eine stärkere Nachfrage bestand.

Wie Bruder Jacob war auch Wilhelm ein regelmäßiger Besucher der Akademiesitzungen, hier trug er wieder Stoffe aus seinem engeren Arbeitsgebiet vor, kam abermals auf *Freidank* (1849)[410] zu sprechen, behandelte *Altdeutsche Gespräche* (1850)[411] und gab eine umfangreiche Darstellung *Zur Geschichte des Reims* (1850)[412]. Darin fand auch er bewundernde Worte für Goethe, der sprachliche *Fesseln niemals geduldet*[413] habe und auch mit dem Reim großzügig umgegangen sei, während er von Platens zuchtvollen Versen sagte, sie hätten die *Glätte und den Glanz kunstreicher Schnitzwerke in Elfenbein, die man bewundert, aber nur mit den Augen, nicht mit den Händen zu berühren wagt*[414].

Als Mitglied der Akademie muß ich jährlich ein paarmal schütteln und da fallen solche Früchte herab[415], sagte Wilhelm launig von seinen Akademie-Reden.

Daneben wie Jacob in die Arbeit am *Wörterbuch* vertieft, gediehen nur wenige neue Buchveröffentlichungen. *Über Freidank* kam ein *zweiter Nachtrag* (1855). Dann benutzte Wilhelm einen Kuraufenthalt, um den dritten erläuternden Band der *Kinder- und Hausmärchen* erneut durchzuarbeiten (Neuauflage 1856), und nahm sich mit altgewohnter Liebe auch nochmals die Märchen selbst vor, so daß die Große Ausgabe dieses brüderlichen Werkes nun in 7. Auflage (1857) ins Volk hinausgehen konnte.

All dies brachte neben der Freude am Gedeihen auch viel Arbeit ins Haus. Die große Aufgabe dieser Jahre aber war das *Deutsche Wörterbuch*, zu dem im Laufe der Vorbereitung mehr als achtzig Mitarbeiter Hunderttausende von Zetteln gesammelt und eingeschickt hatten. Daß zwei alternde Gelehrte darangingen, dieses ungeheure Material zu ordnen, zu sichten, zu verarbeiten und in die Form eines Wörterbuchs zu bringen, bleibt ein Ruhmesblatt der deutschen Wissenschaft. Es ist aber nicht zu übersehen, daß mit diesem Riesenwerk auch tragische Schatten in das Leben und Schaffen der Brüder Grimm kamen. Jacob hätte gern noch ein paar neue Bücher geschrieben, deren ihm *einige in Gedanken fast fertig*[416] lagen. Und für den musischen Wilhelm wären literarische Themen näher gelegen als die harte, entsagungsvolle Arbeit am *Wörterbuch*.

Wenn die Brüder trotzdem dieses Werk in den Mittelpunkt ihrer Spätjahre rückten, hatte das mehrere Gründe. Von den Mitarbeitern hatten sie in ihre Arbeitszimmer eine gewaltige Zettelmenge herbeigeholt, die sie ständig mahnte, dem Rohmaterial nunmehr Form zu geben. Zugleich wollten sie gegenüber ihren Verlegern, die Geld und Idealismus in die Sammlung gesteckt hatten, die Absprachen einhalten, verlangten auch danach, die Erwartungen, die man in der Öffentlichkeit dem Opus entgegenbrachte, nicht zu enttäuschen. Und nicht zuletzt waren sie bei allen Zweifeln, ob ihnen das Vorhaben gelingen könne, davon überzeugt, daß es sich hier um eine große Aufgabe handle. Natürlich war es für schöpferische Persönlichkeiten schwer, andere drängende Werke zurückzustellen.

Deshalb begegnen wir in all den Jahren Äußerungen, die bald die Bürde des *Wörterbuchs* als drückend erscheinen lassen, bald die Bedeutung der Aufgabe mit gewichtigen Worten umreißen.

Bereits 1849, als er sich nach der Rückkehr vom Frankfurter Parlament den Arbeiten für die Drucklegung zuwandte, schrieb Jacob: *Das Wörterbuch soll die deutsche Sprache auf eine höhere Stufe ihrer Entwicklung emporheben; es soll nicht im Staub stehen bleiben, sondern ihn abschütteln und in reine Luft dringen wollen.*[417] Jacob wandte seine gesamten *Kräfte jetzt auf die Ausarbeitung des unternommenen deutschen Wörterbuchs*[418]. Auch Wilhelm sagte 1851: *Das Wörterbuch liegt als eine schwere Arbeit auf mir.*[419] Und 1852 schrieb Wilhelm an Simrock, daß er sich beim Wörterbuch *anstrengen muß wie ein Soldat, der täglich mit dem Gewehr in der Hand fünf oder sechs Stunden exerzieren muß*[420]. Die Brüder erkannten, daß sie sich an *die umfassendste Arbeit ihres Lebens*[421] begeben hatten.

Als 1852 nun mit der ersten Lieferung der Druck begann, wandten sie sich noch einmal mit einer Bitte an die gelehrte Öffentlichkeit: *Wir glauben, etwas Praktisches und dem Augenblick Angemessenes vorzuschlagen, wenn hiermit wir Unbekannte wie Bekannte ersuchen … immer nur den Buchstab, der zunächst erscheinen muß, ins Gesicht zu fassen, auffallende, bedeutsame Wörter daraus zu sammeln.*[422]

Die Brüder hatten inzwischen verabredet, daß jeder selbständig Wörter mit bestimmten Anfangsbuchstaben zu übernehmen hatte. Da Jacob die Buchstaben A bis C zugefallen waren, hatte er sich mit dem ersten Band abzugeben. Wilhelm saß gleichzeitig schon über den Wörtern mit dem Anfangsbuchstaben D.

Rastlos und mit einem geradezu stürmischen Drang, den ersten methodisch so wichtigen Band unter Dach und Fach zu bringen, schonte Jacob sich nicht. Sogar der Arzt mußte eingreifen und ihm verordnen, täglich an die frische Luft zu gehen. Im Blick auf die uferlose Arbeit sagte Jacob: *Ich habe mich … in den Abgrund des Deutschen Wörterbuchs gestürzt, der nun über mir zusammenschlägt und fast kein Ende absehen läßt. Freude ist zwar auch bei der Arbeit, doch der Mühe weit mehr; die Zeit muß Erleichterung schaffen.*[423] Mitfühlend meinte Uhland: «Jacob Grimm kommt mir jetzt immer vor, wie wenn er auf einer Festung säße mit dicken Wällen.» Und Jacob meint dazu: *Uhland hat wohl recht, daß er mich einem Gefangnen vergleicht.*[424]

Aber endlich hatte Jacob in seiner Zelle doch den ersten Band vollendet (1854). Auf der Titelseite des großformatigen Bandes las man über einer Vignette von Ludwig Richter: *Deutsches Wörterbuch von Jacob Grimm und Wilhelm Grimm.* Seitdem die Brüder 1838 im Kasseler Exil sich zu dem Unternehmen entschlossen hatten, waren nun sechzehn Jahre vergangen. Es war das erste, für das Gelingen des Ganzen wegweisende Ergebnis.

Auf über 1800 enggedruckten Spalten stellte Jacob die Wörter mit dem Anfangsbuchstaben A und einen Teil mit dem Buchstaben B dar. In einer umfassenden Vorrede, die mit dem Quellenverzeichnis fast hundert Seiten faßte, erörterte er die Grundsätze, die für ein solches Werk zu gelten hätten: *Es soll ein Heiligtum der Sprache gründen, ihren ganzen Schatz*

Jacob und Wilhelm Grimm. Daguerreotypie des Hamburger Fotografen Hermann Biow

Berlin, Linkstraße 7: Jacob Grimms Arbeitszimmer. Aquarell von Michael Hofmann, um 1860

bewahren, allen zu ihm den Eingang offen halten. Das niedergelegte Gut wächst wie die Wabe und wird ein hehres Denkmal des Volks, dessen Vergangenheit und Gegenwart in ihm sich verknüpfen.[425]

In feierlicher Tonart und im Bewußtsein, daß mit diesem ersten Band der Grundstein für ein sprachliches Monument gelegt sei, schloß Jacob: *Deutsche geliebte Landsleute, welches Reichs, welches Glaubens ihr seiet, tretet ein in die euch allen aufgetane Halle eurer angestammten, uralten Sprache, lernet und heiliget sie und haltet an ihr, eure Volkskraft und Dauer hängt in ihr.*[426]

Nachdem der erste Wörterbuch-Band erschienen war, nahm sich Jacob die nächsten Zettel mit dem Buchstaben B sowie die Blättchen mit C vor, um den Anschluß an die Arbeit des Bruders zu finden, der noch über den Wörtern mit D saß. Aber öfters schweifte Jacob zum ersten Band zurück, den er immer erneut zu vervollkommnen suchte. Der Verleger hatte für ihn ein Exemplar mit einem besonders breiten weißen Rand drucken lassen, die einzelnen Bogen waren nicht gebunden und lagen nun in einem Stoß neben dem Schreibtisch. *Sie sollten mein Exemplar des Wörterbuchs ansehn*, schrieb er an den Tübinger Professor Adelbert von Keller, *wieviel ich schon darin nachgetragen habe.*[427]

Es schien eine reine Utopie, an eine zweite Auflage auch nur denken zu können, da schon der zweite Band wieder jahrelange Arbeit nötig machte. Jacob beobachtete mit Sorge den Bruder, der im Nebenzimmer wohl sein Pensum erledigte, aber sich *fortwährend schwermütig und trübsinnig*[428] zeigte, so daß sich Jacob schwertat, ihn aufzuheitern. Er hoffte, die Arbeitsfreude Wilhelms dadurch zu heben, daß er ihm nicht in die Einzelheiten hineinredete. Doch fügte er hinzu: *Daß ich auf die Redaktion nicht einwirke, ist nicht so zu verstehn, als trüge ich nichts zum D bei, kaum vergeht ein Tag, daß ich nicht Zettel dafür sammle und an Wilhelm abgebe.*[429]

Allmählich kam der Druck der neuen Lieferungen wieder in Fluß. Aber es war nur ein langsames Dahinströmen, und Jacob mußte dem immer wieder drängenden Verleger Hirzel sagen: *Von allen Arbeiten, die ich jemals vorgenommen, hat keine schwerer auf meine Schultern gedrückt als die des Wörterbuchs.*[430] Und Wilhelm machte dem Verleger deutlich: *Ich habe Ihnen schon mehrmals die Gründe auseinandergesetzt, warum es mir nicht möglich ist, noch rascher zu arbeiten . . . Ich arbeite mit Lust an dem Wörterbuch und ich glaube auch, daß das daran sichtbar ist: sie verliert sich aber, wenn ich mich gedrängt fühle und nicht freie Hand habe.*[431]

Wilhelm Grimms Arbeitszimmer. Aquarell von Michael Hofmann

Der dreiundsiebzigjährige Jacob machte sich 1858 die Lage klar: *Ich habe ... für die Buchstaben A B C geliefert 2464 enggedruckte Spalten, welche in meinem Manuskript 4516 Quartseiten ausmachten. Hier will alles, jeder Buchstabe eigenhändig geschrieben sein ... Wilhelm wird ... das D ... in 750 Spalten darstellen. Die Buchstaben A B C D erreichen noch nicht ein Viertel des Ganzen. Es bleiben also, mild angeschlagen, noch gegen 13000 gedruckte Spalten oder nach Weise meines Manuskripts 25000 Seiten zu schreiben. Fürwahr eine abschreckende Aussicht!*[432]

Wenn sich die Brüder trotzdem nicht abschrecken ließen und das Werk nicht preisgaben, wenn sie weiterhin dem Verleger ihre Ausarbeitung für die nach und nach erscheinenden Lieferungen schickten, so kam das aus ihrem Streben, das Werk so weit zu fördern, wie sie vermochten. Immer stärker wurden zwar ihre Zweifel, ob sie selbst das Opus vollenden könnten. Aber zugleich hatten sie die Zuversicht, daß eine nachfolgende Generation das *Deutsche Wörterbuch* zu einem guten Ende führen würde. Vor Jahren schon hatte Wilhelm geäußert: *Es mögen andere nach uns fortfahren!*[433] Und Jacob meinte 1858, er habe sich *wieder ins Wörterbuchjoch gespannt und habe schon acht Bogen E geschrieben*[434].

Der Himmel wird dann auch weiter helfen[435], sagte er, sich aus Zweifeln und Bedrängnissen aufrichtend. *Meine Zeit erfüllt der unaufhörliche Ruf zur Arbeit am Wörterbuch.*[436]

Wilhelm Grimm. Fotografie von Franz Hanfstaengl

DEUTSCHES

WÖRTERBUCH

VON

JACOB GRIMM UND WILHELM GRIMM.

ERSTER BAND.

A — BIERMOLKE.

LEIPZIG

VERLAG VON S. HIRZEL.

1854.

DIE WALTENDE SPUR

Da trat ein Ereignis ein, das mehr als alles andere das gemeinsame Werk am *Deutschen Wörterbuch* lahmzulegen schien.

Wilhelm Grimm war 1859 mit der Bearbeitung des ihm zunächst aufgetragenen Wortbestandes für den Anfangsbuchstaben D *genau, und ohne daß davon ein Wörtchen fehlte, zu Ende gelangt*[437]. Er hatte auch die zweite Ausgabe von *Vrîdankes Bescheidenheit* (sie erschien dann 1860) für den Druck *ganz fertig*[438] gemacht, nachdem er seit Jahren die Lesarten der verschiedenen Handschriften erneut verglichen hatte. Damals schrieb Wilhelm, der — geselliger als Jacob — früher gern abendliche Gäste in seinem Heim gesehen hatte, an den Gießener Professor Friedrich Ludwig

Karl Weigand, einen der Mitarbeiter am Wörterbuch: *Ich bin nun in mein 74. Jahr getreten, und da gibt es mancherlei zu bedenken. Die Arbeitskraft hat sich ziemlich erhalten, aber der Körper empfindet die hohen Jahre. Ich gehe noch regelmäßig in die Sitzungen der Akademie, mache, wenn es das Wetter gestattet, einen Spaziergang, den ich als meine Arznei betrachte, schlage aber jede Einladung aus.*[439]

Inzwischen war die Freundin der Brüder, Bettina von Arnim, am 20. Januar 1859 ihrem Mann Achim in die Ewigkeit nachgefolgt. Wilhelm erlebte nun im Herbst die Freude, daß sich deren Tochter Gisela mit seinem Sohn Herman vermählte. So wurden die befreundeten Familien auch durch enge verwandtschaftliche Beziehungen verbunden. Über die Brautleute sagte Wilhelm: *Sie kennen sich von Kindheit an, und so hoffe ich, daß es eine glückliche Ehe wird.*[440]

Wilhelm arbeitete an einem Vortrag, den er am 15. Dezember über *Bruchstücke aus einem unbekannten Gedicht vom Rosengarten*[441] vor der Akademie halten sollte. Ende November aber erkrankte er an einem Furunkel, das nicht bedenklich zu sein schien. Doch bereits in den ersten Dezembertagen entwickelte sich daraus ein Karbunkel, das man mit einem chirurgischen Eingriff zu entfernen suchte, weil es nach den gewöhnlichen Behandlungsmethoden nicht zurückging. Hohes Fieber kam dazu, zeitweise war der Kranke ohne Bewußtsein. Die Angehörigen waren in seiner Nähe. Sie konnten dem Leidenden nicht mehr helfen, seine körperlichen Kräfte waren erschöpft, eine Atemlähmung trat ein. Am Nachmittag des 16. Dezember 1859 gegen drei Uhr starb Wilhelm Grimm. Man bahrte ihn in seinem Studierzimmer auf, am 20. Dezember setzte man ihn auf dem Berliner Matthäikirchhof bei.

Zutiefst getroffen, doch gefaßt in dem Bewußtsein, daß er bald dem Bruder nachfolgen werde, teilte Jacob die Nachricht den Freunden mit. An August Stöber, der nach dem Vorbild der Grimms elsässische Sagen gesammelt hatte, schrieb Jacob: *Ich aber war mit Wilhelm von Kindesbeinen an zusammen, unser Vermögen, unsere Bücher, unser Haushalt waren stets ungetrennt, und was wir unternahmen und zustandbrachten, gedieh in stetem Bunde; jetzt ist er durchgeschnitten und ich stehe allein, nur daß mich die Liebe seiner Kinder und seiner Frau tröstet, die auch mir wie dem Vater und Mann anhangen.*[442]

Am liebsten lese ich in den Märchen[443], sagte Jacob damals und erinnerte sich an die Jahre ihres Beginns. Aber er wußte zugleich: *Ich stehe jetzt allein vor dem Wörterbuch und meine Schultern sollen die Bürde ohne Hilfe tragen.*[444] Er hatte sich bereits der Aufarbeitung des Wortbestandes mit dem Anfangsbuchstaben E zugewandt und suchte in der Arbeit und Weiterführung des gemeinsamen Werkes Trost. Jacob richtete sich wieder an seinem Schreibtisch ein. Wilhelms benachbartes Arbeitszimmer ließ man unverändert wie zu dessen Lebzeiten; später brachte man hier noch die Bibliothek unter, um Jacobs Zimmer zu entlasten. Man ließ die Verbindungstür zwischen den beiden Räumen offenstehen, so daß Jacob ungehindert seine Bücher holen konnte, die er nach einem Wort von Herman Grimm «mit Zärtlichkeit»[445] liebte.

Jacob schwebte wieder *in einem Strudel von Arbeit*[446]. Er entwarf dabei in den ersten Monaten nach des Bruders Tod zwei seiner schönsten Reden.

Am 26. Januar 1860 trug er vor der Akademie seine Erkenntnisse *Über das Alter*[447] vor, in denen er auch zu politischen und religiösen Fragen Stellung nahm: *Nun ist uns in vielen Verhältnissen Gelegenheit geboten, eine freie Denkungsart zu bewähren, hauptsächlich ... in der Beschaffenheit unseres Glaubens und der Einrichtung unseres öffentlichen Wesens. Einem freigesinnten alten Mann wird nur die Religion für die wahre gelten, welche mit Fortschaffung aller Wegsperre den endlosen Geheimnissen Gottes und der Natur immer näher zu rücken gestattet, ohne in den Wahn zu fallen, daß eine solche beseligende Näherung jemals vollständiger Abschluß werden könne, da wir dann aufhören würden, Menschen zu sein. Wünschenswerteste Landesverfassung aber erschiene ihm, die es verstände, mit dem größten Schutz aller einen ungestörten und unantastbaren Spielraum für jeden einzelnen zu schaffen und zu vereinbaren.*[448]

Am 5. Juli 1860 folgte dann, ebenfalls vor der Akademie die ergreifende *Rede auf Wilhelm Grimm*[449]. Sie wurde zum Denkmal für einen brüderlichen Bund, aus dessen Harmonie unvergängliche Leistungen entstanden waren. Jacob schloß: *So oft aber ich nunmehr das Märchenbuch zur Hand nehme, rührt und bewegt es mich, denn auf allen Blättern steht vor mir sein Bild und ich erkenne seine waltende Spur.*[450]

Die gemeinsame waltende Spur bewies nun auch der zweite Band des *Deutschen Wörterbuches*, der im gleichen Jahr 1860 erschien. Wilhelm konnte diesen Band, der mit dem Buchstaben D auch seinen Werkanteil enthielt, nicht mehr in Händen halten. Damit waren freilich nur die ersten vier Buchstaben des Alphabets bewältigt. Doch hatte Jacob bereits die Wörter mit E und F in Arbeit. Dabei mutete er sich zuviel zu, so daß Dortchen und Wilhelms Kinder sich um ihn sorgten. *Sie quälen mich hier damit*, schrieb Jacob, *daß ich zuviel arbeite, zu wenig esse und nicht genug spazieren gehe. Allein die Unterbrechung einer alten Angewöhnung würde für mich viel gefährlicher sein. Wenn ich nur wieder gut schlafen könnte, ich muß jede Nacht einige Stunden wachen und freue mich wie die Vögel auf das Tagwerden.*[451]

Zwischendurch wurde Jacob von einer fiebrigen Erkrankung ergriffen. In den Stunden, wo es ihm besser ging, las er *Huttens herrliche Fieberdialoge*[452]. Er kränkelte und wurde schwerhörig. Aber dies störte ihn weniger, weil er *nie eines Umgangs mit vielen Leuten bedürftig war*[453]. *Solange mir das Leben anhält, soll hoffentlich die Kraft zu wirken währen*[454], meinte er. *Das Wörterbuch bleibt mein Hauptgeschäft*[455], schrieb er dem Verleger Hirzel.

Als dann aber 1862 der dritte Band des *Wörterbuchs* bis zum Wort «Forsche» vor ihm lag, wollte er doch einmal zwischendurch seinen Kopf mit einem anderen Thema beschäftigen, und es drängte ihn, sein früheres Werk, die *Weistümer*, mit einem vierten Teil (1863) weiterzuführen. Später wurde dieses Werk von anderen Bearbeitern fortgesetzt; es wuchs bis 1878 auf sieben Bände an.

Jacob aber holte gleich nach diesem rechtskundlichen Intermezzo wieder die Zettel für das *Wörterbuch* hervor. In den Arbeitspausen griff er gern nach der Zeitung und verfolgte interessiert die politischen Vorgänge. Auch ließ er sich gelegentlich von Dortchen oder deren Tochter Auguste aus dem Arbeitszimmer fortlocken. Aber bald machte er sich wieder über

Jacob Grimm. Fotografie von Franz Hanfstaengl

Die Grabstätte der Brüder Grimm auf dem Friedhof der St. Lucas und Matthäus-Gemeinde in Berlin, Großgörschenstraße

die Wörter mit F her, obwohl er sich sagen mußte, daß das Ende des Alphabets in unerreichbarer Ferne vor ihm lag. Nachts freilich liefen seine Gedanken der Wörterbuch-Arbeit davon, und so notierte er im Sommer 1862 auf einen Zettel: *Wie schön sind die langen Sommertage, worauf sich Vögel und Menschen freuen! Sie gemahnen an die Jugendzeit, in der die Stunden Licht einsaugen und langsam verfließen; was davon noch übrig war, wird vom Dunkel des Winters und des Alters schnell geschluckt. Nun bin ich bald 78, und wenn ich schlaflos im Bette liege und wache, tröstet mich die liebe Helle und flößt mir Gedanken ein und Erinnerungen.*[456]

Um ihn lichteten sich die Reihen der Altersgenossen und der Jüngeren: Uhland starb am 13. November 1862, der Malerbruder Ludwig Emil am 4. April 1863. *Ich bin . . . durch den Tod meines letzten Bruders Ludwig sehr betrübt worden und stehe nun von allen neun Kindern meiner Eltern allein noch da.*[457]

Von einer Einschaltung anderer Gelehrter als Mitherausgeber des *Wörterbuchs* aber wollte Jacob zu seinen Lebzeiten nichts wissen. Daher erklärte er seinem Verleger Hirzel: *Nun liegen zwei Wege offen, entweder ich gebrauche mein Recht, arbeite ungedrängt fort und bringe so viel zustande, als ich nur vermag; oder ich gebe es auf (da es erst mit meinem Tode erlischt) und trete ab. Dann aber gleich von jetzt an, ohne daß ich einen Buchstaben mehr schreibe. Hildebrand, Lexer, oder mit wem Sie sonst wegen der Fortsetzung übereinkommen, können bei Spalte 33 eintreten wie an jeder andern Stelle. Mir aber wäre unmöglich, zur fremden Fortsetzung noch einen Lappen zu geben.*[458]

Es blieb dabei: Jacob trug für das Wortmeer allein die Verantwortung bis zu seinem Tod. Ab und zu ging er zur Unterbrechung der Arbeit von seiner Wohnung in der Linkstraße zum Tiergarten, um sich dort bei einem Spaziergang über die Parkwege ein wenig zu erholen. Wieder an seinem Schreibtisch sitzend, vollendete Jacob einen Wörterbuchartikel nach dem andern. Es war ihm klar, daß er selbst den letzten Band des Werkes niemals erblicken würde. Aber er war zugleich überzeugt: je mehr er selbst vorlegte, desto sicherer würden einst die Nachfolger dafür sorgen, daß das *Deutsche Wörterbuch* kein Torso blieb. Der letzte Artikel, an dem er schrieb, galt dem Wort «Frucht». Es war wie ein Gleichnis.

Noch hatte er allerlei Pläne neben dem Wörterbuch. Die *Kinder- und Hausmärchen* sollten mit einer neuen Einleitung versehen, die *Weistümer* fortgesetzt werden, ein Werk über deutsche Sitten und Gebräuche war geplant. Bücher hatte sich Jacob für die Lektüre bereitgelegt, Rezensionen sollten geschrieben werden. Im Sommer 1863 reiste er zur Erholung noch einmal in den Harz. Heimgekehrt, erlitt er infolge einer Erkältung eine Leberentzündung, aber es schien nichts Schlimmeres zu sein. Da traf ihn am 19. September ein Schlaganfall; die Zunge und die rechte Seite waren gelähmt. Am 20. September 1863, wenige Monate vor seinem 79. Geburtstag, hörte sein Herz auf zu schlagen. Am 24. September begrub man ihn an Wilhelms Seite auf dem Matthäikirchhof. Propst Nitzsch hatte, wie bei Wilhelms Tod, die Gedenkrede gehalten. Dortchen Grimm lebte noch bis zum Jahre 1867.

Jacob Grimm hatte das *Wörterbuch* unvollendet zurücklassen müssen. Aber er hatte bereits ein Jahr vor seinem Tod prophezeit: *Ich dringe in die Heimlichkeit unserer Wörter ein ... In fünfzig oder hundert Jahren wird man mich nachlesen.*[459] Jacob behielt mit seiner Voraussage recht. Das Wörterbuch wuchs sich tatsächlich zu einem säkularen Werk aus, führende Germanisten haben es fortgesetzt oder betreut, so Weigand, Hildebrand, Heyne, Lexer, Götze, später Schröder, Roethe, Hübner und viele andere. Ganze Arbeitsstäbe wurden tätig. Nach dem Zweiten Weltkrieg haben die wissenschaftlichen Akademien von Ost und West zusammengearbeitet und 1961, bald hundert Jahre nach Jacobs Tod, das Werk vollendet. Gegenwärtig arbeitet man bereits, wie Jacob es einmal kühn erträumt hatte, an einer zweiten Auflage des Riesenwerkes. Die deutsche Sprache hat damit für alle Zeiten ihr Denkmal erhalten.

Auch mit ihren anderen gelehrten Arbeiten stehen Jacob und Wilhelm Grimm als «Begründer der Germanistik»[460] im goldenen Buch der Wissenschaft. Ihren eigentlichen Büchern haben sich die *Kleineren Schriften* angereiht, die bei Jacob acht Bände (1864f), bei Wilhelm vier Bände (1881f) umfassen und eine große geistige Spannweite aufzeigen. Mit den

Märchen aber ist der Name der Brüder Grimm um die Welt gewandert. Lebendig wie eh und je, sprechen die Märchen in allen Sprachen zu alt und jung. Zu diesem umfassenden Œuvre haben sich viele Briefbände gefügt, in denen neben den Gelehrten auch die Menschen Jacob und Wilhelm sichtbar werden.

Die *waltende Spur*, die Wilhelm nach Jacobs Wort in seinem Märchenbuch hinterlassen hat, findet sich bei beiden Brüdern für immer im unzerstörbaren Reich der Wissenschaft und der Dichtung. Auch das stürmische 20. Jahrhundert hat diese Spur nicht überweht.

ANMERKUNGEN

Nach der Abkürzung folgt die Seitenzahl des betreffenden Werkes. Bei mehrbändigen Werken werden Band und Seite (z. B. 1,50) angegeben, bei Zeitschriften Jahrgang und Seite. (Orthographie und Interpunktion in den Zitaten sind modernisiert.)

ERKLÄRUNG DER ABKÜRZUNGEN

AfdA = «Anzeiger für deutsches Altertum»

Arnim = Reinhold Steig: «Achim von Arnim und Jacob und Wilhelm Grimm». Stuttgart 1904

Benecke = «Briefe der Brüder Jacob und Wilhelm Grimm an Georg Friedrich Benecke aus den Jahren 1808–1829». Hg. von Wilhelm Müller. Göttingen 1889

Brentano = Reinhold Steig: «Clemens Brentano und die Brüder Grimm». Stuttgart–Berlin 1914

Dahlmann = «Briefwechsel zwischen Jacob und Wilhelm Grimm, Dahlmann und Gervinus». Hg. von Eduard Ippel. 2 Bde. Berlin 1885–1886

Droste = «Briefwechsel zwischen Jenny von Droste-Hülshoff und Wilhelm Grimm». Hg. von Karl Schulte-Kemminghausen. Münster 1929

Freundesbr. = «Freundesbriefe von Wilhelm und Jacob Grimm». Hg. von Alexander Reifferscheid. Heilbronn 1878

Germania = «Germania. Vierteljahresschrift für deutsche Altertumskunde». Hg. von Franz Pfeiffer

Goedeke = «Briefwechsel zwischen Jacob Grimm und Karl Goedeke». Hg. von Johannes Bolte. Berlin 1927

Goethe = Reinhold Steig: «Goethe und die Brüder Grimm». Berlin 1892

Graeter = «Briefwechsel zwischen Jacob Grimm und Friedrich David Graeter aus den Jahren 1810–1813». Hg. von Hermann Fischer. Heilbronn 1877

Gürtler = «Briefe der Brüder Grimm». Gesammelt von Hans Gürtler, hg. von Albert Leitzmann. Jena 1923

Hessen = «Private und amtliche Beziehungen der Brüder Grimm zu Hessen». Hg. von E. Stengel. 3 Bde. Marburg 1886–1910

HM = «Hanauisches Magazin. Monatsblätter für Heimatkunde»

Jugendzeit = «Briefwechsel zwischen Jacob und Wilhelm Grimm aus der Jugendzeit». Hg. von Herman Grimm und Gustav Hinrichs. Weimar 1881

Kl. Jacob = Jacob Grimm: «Kleinere Schriften». Hg. von K. Müllenhoff und E. Ippel. 8 Bde. Berlin 1864–1890

Kl. Jacob II = Jacob Grimm: «Kleinere Schriften» Bd. 1 (= Reden und Abhandlungen). 2. Aufl. Berlin 1879

Kl. Wilhelm = Wilhelm Grimm: «Kleinere Schriften». Hg. von Gustav Hinrichs. 4 Bde. Berlin 1881–1887

Kopitar = «B. Kopitars Briefwechsel mit Jacob Grimm». Hg. von Max Vasmer. Berlin 1938

Lachmann	=	«Briefwechsel der Brüder Jacob und Wilhelm Grimm mit Karl Lachmann». Hg. von Albert Leitzmann. 2 Bde. Jena 1927
Lücke	=	F. Sander: «Briefwechsel Friedrich Lückes mit den Brüdern Grimm». Hannover 1891
Meusebach	=	«Briefwechsel des Freiherrn Karl Hartwig Gregor von Meusebach mit Jacob und Wilhelm Grimm». Hg. von Camillus Wendeler. Heilbronn 1880
NDB	=	«Neue Deutsche Biographie»
NHJ	=	«Neue Heidelberger Jahrbücher»
Nordische	=	«Briefwechsel der Gebrüder Grimm mit nordischen Gelehrten». Hg. von Ernst Schmidt. Berlin 1885
PdSt	=	«Prager deutsche Studien»
Pfeiffer	=	Franz Pfeiffer und Karl Bartsch: «Briefwechsel. Mit unveröffentlichten Briefen der Gebrüder Grimm». Hg. von Hans-Joachim Koppitz. Köln 1969
PJ	=	«Preußische Jahrbücher»
Savigny	=	«Briefe der Brüder Grimm an Savigny». Hg. in Verb. mit Ingeborg Schnack von Wilhelm Schoof. Berlin 1953
Tydeman	=	Alexander Reifferscheid: «Briefe Jacob Grimms an Tydeman». Heilbronn 1883
Unbek. Br.	=	«Unbekannte Briefe der Brüder Grimm». In Verb. mit Jörn Göres hg. von Wilhelm Schoof. Bonn 1960
Waitz	=	Georg Waitz: «Zum Gedächtnis an Jacob Grimm». Göttingen 1863

1 Hessen 1,16	25 Jugendzeit 59	49 Benecke 77
2 Jugendzeit 157	26 Gürtler 159	50 Kl. Jacob 1,12
3 Kl. Wilhelm 1,3	27 Kl. Jacob 1,9	51 Benecke 78
4 Kl. Jacob 1,1	28 Kl. Jacob 1,9	52 Benecke 79
5 Kl. Jacob 1,5	29 Savigny 28	53 Kl. Wilhelm 1,22
6 Kl. Wilhelm 1,6	30 Savigny 30	54 Hessen 3,164 f
7 Kl. Jacob 1,1	31 Nordische 13	55 Kl. Jacob 8,409
8 Arnim 215	32 Kl. Jacob 1,9	56 Jugendzeit 359
9 HM 14,7	33 Savigny 49	57 Jugendzeit 364
10 Kl. Jacob 1,2	34 Savigny 50	58 Tydeman 51
11 Kl. Jacob 1,3	35 Kl. Jacob 1,10	59 Tydeman 61
12 Kl. Wilhelm 1,9	36 Kl. Jacob 1,11	60 AfdA 14,149
13 Kl. Jacob 1,4	37 Kl. Jacob 1,10 f	61 Jugendzeit 479
14 Kl. Wilhelm 1,9	38 Savigny 81	62 Jugendzeit 490
15 Hessen 3,1	39 Brentano 52 f	63 Gürtler 132
16 Kl. Jacob 1,5	40 Savigny 83	64 Germania 12,375
17 Kl. Jacob 1,116	41 Jugendzeit 169	65 Kl. Jacob 1,168
18 Kl. Jacob 1,116	42 Jugendzeit 190	66 Kl. Jacob 1,168
19 Kl. Jacob 1,116	43 Savigny 83	67 Kl. Jacob 1,168
20 Kl. Jacob 1,8	44 Jugendzeit 169	68 Kl. Wilhelm 1,12
21 Jugendzeit 16	45 Jugendzeit 191	69 Nordische 90
22 Jugendzeit 30	46 Jugendzeit 203 f	70 PdSt 8,588
23 Jugendzeit 58	47 Kl. Wilhelm 1,19	71 Graeter 28
24 Jugendzeit 57	48 Kl. Jacob 1,12	72 PdSt 8,590

73 Benecke 16
74 Nordische 25
75 Tydeman 50
76 Kl. Jacob 5,485 f
77 Kl. Wilhelm 4,642 f
78 Hessen 3,58
79 Hessen 3,69
80 Savigny 96
81 Kl. Jacob 7,590
82 Benecke 9
83 Nordische 52
84 Kl. Wilhelm 1,174
85 Nordische 5
86 Goethe 80
87 Graeter 41 f
88 Arnim 218
89 Tydeman 92
90 Benecke 183
91 Kl. Wilhelm 2,426
92 Goethe 111
93 Kl. Wilhelm 2,495
94 Kl. Wilhelm 1,223
95 Unbek. Br. 59
96 Arnim 326
97 Graeter 27
98 Tydeman 12
99 Kl. Wilhelm 2,501 f
100 Benecke 48
101 Arnim 246
102 Nordische 56
103 Kl. Jacob II 1,177
104 Nordische 56
105 Savigny 141
106 Kl. Wilhelm 1,321
107 Kl. Wilhelm 1,321
108 Arnim 213
109 Arnim 195
110 Arnim 204
111 Savigny 187
112 Freundesbr. 25
113 Freundesbr. 23
114 Droste 22
115 Droste 25
116 Kl. Wilhelm 1,329
117 Kl. Wilhelm 1,327
118 Arnim 219
119 Goethe 109
120 Kl. Wilhelm 1,331
121 Arnim 271

122 Hessen 3,134
123 Savigny 143
124 Arnim 266
125 Arnim 269
126 Arnim 303
127 Kl. Wilhelm 1,327
128 Goethe 109
129 Arnim 255
130 Germania 11,249
131 Jugendzeit 452
132 Arnim 547 f
133 Tydeman 75
134 Dahlmann 2,44
135 Kl. Jacob 8,461
136 Kl. Wilhelm 1,322
137 Kl. Jacob 8,12
138 Freundesbr. 29
139 Kl. Jacob 8,10
140 Droste 26
141 Brentano 149
142 Kl. Jacob 7,593 f
143 Kl. Jacob 8,12
144 Nordische 78
145 Savigny 256
146 Savigny 268
147 Arnim 417
148 Kl. Jacob 8,12
149 Kl. Jacob 8,13
150 Kl. Jacob 8,13
151 Arnim 339
152 Arnim 437
153 Hessen 3,185
154 Hessen 1,9
155 PJ 234,75
156 Hessen 3,190
157 Kl. Jacob 1,14
158 Kl. Jacob 1,14
159 Freundesbr. 35
160 Benecke 151
161 Kl. Jacob 1,15
162 Meusebach 25
163 Lachmann 2,550
164 Savigny 273
165 Tydeman 66
166 Savigny 278
167 Tydeman 70
168 Droste 34
169 Savigny 298
170 Savigny 325

171 Hessen 1,212
172 Lachmann 1,353
173 Droste 47
174 Savigny 338
175 Savigny 339
176 Kl. Wilhelm 1,23
177 Meusebach 62 f
178 Hessen 1,105
179 Hessen 1,233
180 Meusebach 69
181 Kl. Jacob 1,22
182 Droste 67 f
183 Lachmann 2,522
184 Gürtler 152
185 Gürtler 141
186 Meusebach 122
187 Droste 77
188 Kl. Wilhelm 1,405
189 Kl. Jacob 1,172
190 Savigny 264
191 NHJ 7,87
192 Arnim 399
193 Lachmann 1,81
194 Lachmann 1,80
195 Savigny 296
196 Benecke 91
197 Savigny 256
198 Savigny 277
199 Savigny 267
200 Hessen 1,42
201 Arnim 436
202 Kl. Jacob 8,44
203 Benecke 139 f
204 Hessen 1,79
205 Benecke 144
206 Lachmann 1,389
207 Savigny 340
208 Germania 13,248
209 Meusebach 66
210 Meusebach 107
211 Arnim 596
212 Savigny 294
213 Arnim 493
214 Hessen 1,106
215 Kl. Jacob 5,40
216 Kl. Wilhelm 2,416 f
217 Arnim 595
218 Kl. Wilhelm 2,424
219 Hessen 1,112

220 PJ 238,134	269 Hessen 1,292	318 Meusebach 298
221 Lücke 40	270 Dahlmann 1,132	319 Savigny 407
222 Savigny 358	271 Unbek. Br. 233 f	320 Dahlmann 2,45
223 Savigny 363	272 Dahlmann 2,31	321 Dahlmann 1,445
224 Hessen 3,272	273 Savigny 400	322 Dahlmann 2,50
225 Droste 125	274 Freundesbr. 155	323 Kl. Jacob 8,545 f
226 Kl. Jacob 1,17	275 Lachmann 2,899	324 Unbek. Br. 330 f
227 Savigny 356	276 Germania 12,375	325 PJ 234,77
228 Lachmann 2,861	277 Gürtler 149	326 Gürtler 96
229 Kopitar 72	278 Gürtler 195	327 Dahlmann 1,454
230 Gürtler 151	279 Unbek. Br. 244	328 Kl. Jacob 2,1 f
231 Lachmann 2,545	280 Goedeke 34	329 Kl. Jacob 2,30 f
232 Hessen 1,115	281 Lachmann 2,710	330 Kl. Jacob 3,1 f
233 Savigny 355	282 Lachmann 2,710	331 Kl. Jacob 3,103 f
234 Germania 13,373 f	283 Kl. Jacob 5,286	332 Kl. Jacob 2,75 f
235 Kl. Jacob 6,411 f	284 Gürtler 90	333 Kl. Jacob 3,171 f
236 AfdA 16,260	285 Gürtler 90	334 Kl. Jacob 1,327 f
237 Lachmann 2,558	286 PJ 76,365	335 Kl. Jacob 1,327
238 Hessen 3,278	287 Goedeke 27	336 Gürtler 3
239 Gürtler 80	288 Goedeke 30 f	337 Dahlmann 1,492
240 Gürtler 154	289 PJ 76,365	338 Germania 13,488
241 Lachmann 2,863	290 Dahlmann 1,346	339 Kl. Jacob 8,461
242 Kopitar 107	291 Unbek. Br. 253	340 NDB 7,78
243 Freundesbr. 137	292 Kl. Wilhelm 2,480	341 Kl. Wilhelm 4,526
244 Lachmann 2,866	293 Kl. Wilhelm 2,481	342 Kl. Wilhelm 4,571
245 Savigny 386	294 Gürtler 198	343 Kl. Wilhelm 4,611
246 Savigny 365	295 Unbek. Br. 250	344 Kl. Wilhelm 3,138 f
247 Kl. Jacob 5,120	296 Germania 12,370	345 Kl. Wilhelm 3,212
248 Kl. Jacob 5,120	297 Kl. Wilhelm 1,311	346 Kl. Wilhelm 3,381 f
249 Tydeman 85	298 AfdA 16,262	347 Gürtler 209
250 Lachmann 2,883	299 Dahlmann 1,145	348 Gürtler 234
251 NDB 7,78	300 Dahlmann 1,162	349 Kl. Wilhelm 1,508 f
252 Tydeman 86	301 Dahlmann 1,193	350 Kl. Wilhelm 1,513
253 Kl. Wilhelm 2,450	302 Gürtler 192	351 Unbek. Br. 382
254 Lachmann 2,661	303 Unbek. Br. 227	352 Jugendzeit 191
255 Germania 13,487	304 Kl. Jacob 8,542	353 Hessen 1,269 f
256 Kl. Wilhelm 2,471	305 Hessen 1,418	354 Unbek. Br. 319
257 Kl. Wilhelm 1,318	306 Germania 12,118	355 Unbek. Br. 256
258 Hessen 1,416	307 Dahlmann 2,9	356 Freundesbr. 161
259 Lücke 40	308 Meusebach 287	357 Savigny 413
260 Germania 11,128	309 Pfeiffer 238	358 Dahlmann 1,521
261 Kl. Jacob 1,37	310 Dahlmann 1,370	359 AfdA 16,239
262 Kl. Jacob 1,35	311 Hessen 1,121	360 Jugendzeit 115
263 Kl. Jacob 1,39 f	312 Goedeke 11	361 PJ 76,361
264 Kl. Jacob 1,42 f	313 Gürtler 89	362 Lachmann 1,399
265 Savigny 408 f	314 Meusebach 284	363 Meusebach 139
266 Savigny 392	315 Unbek. Br. 306	364 Meusebach 141
267 Germania 13,380 f	316 Dahlmann 1,419	365 Unbek. Br. 186
268 Lücke 18	317 Meusebach 299	366 Kl. Jacob 1,60 f

367 Kl. Jacob 1,63
368 Kl. Jacob 1,78
369 Kl. Jacob 1,78
370 Kl. Jacob 1,79
371 Kl. Jacob 1,81
372 Kl. Jacob 1,57 f
373 Unbek. Br. 363
374 PJ 234,78
375 Freundesbr. 159
376 Kl. Jacob 7,556 f
377 Kl. Jacob 7,563 f
378 Kl. Jacob 7,568 f
379 Kl. Wilhelm 1,508 f
380 Kl. Jacob 7,562
381 Kl. Jacob 7,562 f
382 Kl. Jacob 7,571
383 Kl. Jacob 7,571
384 Kl. Jacob 8,439
385 Kl. Jacob 8,443
386 Kl. Jacob 8,437
387 Unbek. Br. 380
388 Germania 13,384
389 Kl. Jacob 2,173
390 Germania 13,488
391 Goedeke 57
392 Unbek. Br. 407
393 Lücke 41
394 Waitz 23
395 Kl. Jacob 2,211
396 Kl. Jacob 1,114
397 Dahlmann 1,524
398 Lücke 40

399 Hessen 3,312
400 AfdA 12,119
401 Kl. Jacob 1,211 f
402 Kl. Jacob 1,246
403 Kl. Jacob 1,253 f
404 Kl. Jacob 1,255 f
405 Kl. Jacob 1,294 f
406 Kl. Jacob 1,145 f
407 Kl. Jacob 1,374 f
408 Kl. Jacob 1,376
409 Kl. Jacob 1,113 f
410 Kl. Wilhelm 4,5 f
411 Kl. Wilhelm 3,472 f
412 Kl. Wilhelm 4,125 f
413 Kl. Wilhelm 4,328
414 Kl. Wilhelm 4,329
415 Gürtler 177
416 Hessen 1,393
417 Kl. Jacob 7,220
418 Nordische 172
419 Goedeke 63
420 Gürtler 238
421 Kl. Jacob 8,461
422 Kl. Jacob 7,604
423 Hessen 2,319
424 AfdA 14,107
425 Kl. Jacob 8,314
426 Kl. Jacob 8,380
427 AfdA 14,108
428 Dahlmann 1,529
429 AfdA 16,232

430 AfdA 16,240
431 AfdA 16,242 f
432 Dahlmann 1,537
433 Gürtler 206
434 Germania 11,242
435 Dahlmann 1,541
436 Germania 11,246
437 Kl. Jacob 8,381
438 Germania 11,251
439 Hessen 1,356
440 AfdA 17,251
441 Kl. Wilhelm 4,504 f
442 AfdA 12,113
443 AfdA 16,252
444 AfdA 12,114
445 Kl. Jacob 1,183
446 AfdA 12,115
447 Kl. Jacob 1,188 f
448 Kl. Jacob 1,206 f
449 Kl. Jacob 1,163 f
450 Kl. Jacob II 1,179
451 PJ 234,85
452 Hessen 1,369
453 Gürtler 59
454 AfdA 14,117
455 AfdA 16,257
456 Kl. Jacob 1,186
457 AfdA 14,120
458 AfdA 16,262
459 Germania 11,252
460 NDB 7,76

ZEITTAFEL

1751 Philipp Wilhelm Grimm, der Vater, geboren

1755 Dorothea Grimm, geb. Zimmer, die Mutter, geboren

1783 Hochzeit der Eltern

1785 Jacob Grimm am 4. Januar geboren

1786 Wilhelm Grimm am 24. Februar geboren

1789 Beginn der Französischen Revolution

1790 Der Malerbruder Ludwig Emil Grimm am 14. März geboren

1791 Übersiedlung der Familie Grimm von Hanau nach Steinau

1793 Schwester Lotte Grimm geboren

1796 Tod des Vaters Philipp Wilhelm Grimm am 10. Januar

1798 Jacob und Wilhelm beginnen ihre Schuljahre in Kassel

1802 Jacob bezieht die Universität Marburg

1803 Wilhelm ebenfalls an der Universität Marburg

1805 Jacob reist zum erstenmal nach Paris; Mutter Grimm zieht von Steinau nach Kassel

1806 Jacob wird Sekretär beim hessischen Kriegskollegium; Wilhelm besteht sein juristisches Examen; die Brüder beginnen mit dem Sammeln von Sagen und Märchen

1807 Napoleon begründet das Königreich Westfalen; Jacob scheidet aus seiner amtlichen Stellung

1808 Tod der Mutter Dorothea Grimm am 27. Mai; Jacob wird bei König Jérôme in Kassel Bibliothekar

1809 Jacob wird Auditor beim Staatsrat

1811 Die ersten Bücher: Jacob *Über den altdeutschen Meistergesang*, Wilhelm übersetzt altdänische Heldenlieder, Balladen und Märchen

1812 Brüder Grimm: *Kinder- und Hausmärchen, 1. Band*

1813 Völkerschlacht bei Leipzig. Der hessische Kurfürst kehrt nach Kassel zurück, Jacob wird hessischer Legationssekretär

1814 Jacob als junger Diplomat in Paris und Wien; Wilhelm Bibliothekssekretär in Kassel

1815 Jacob auf dem Wiener Kongreß und zum drittenmal in Paris; Wilhelm reist an den Rhein
Brüder Grimm: *Kinder- und Hausmärchen, 2. Band*

1816 Jacob zum Bibliothekar in Kassel ernannt
Brüder Grimm: *Deutsche Sagen, 1. Teil*

1818 Brüder Grimm: *Deutsche Sagen, 2. Teil*

1819 Jacob Grimm: *Deutsche Grammatik, 1. Teil*
Jacob und Wilhelm erhalten von der Marburger Universität das Ehrendoktorat

1822 Jacob Grimm: *Deutsche Grammatik, 1. Teil*, 2. Aufl. Schwester Lotte heiratet Hans Daniel Hassenpflug

1825 Wilhelm heiratet Henriette Dorothea (Dortchen) Wild

1826 Zwei Kinder von Lotte und Wilhelm sterben

1828 Jacob Grimm: *Deutsche Rechtsaltertümer*
Jacob Ehrendoktor der Universität Berlin; Wilhelms Sohn Herman geboren

1829 Wilhelm Grimm: *Die deutsche Heldensage*
Die Brüder verlassen den hessischen Bibliotheksdienst und werden nach

Göttingen berufen

1830 Jacob Bibliothekar und ordentlicher Professor, Wilhelm Bibliothekar in Göttingen

1831 Wilhelm außerordentlicher Professor

1833 Tod von Lotte Grimm

1835 Wilhelm wird in Göttingen ordentlicher Professor
Jacob Grimm: *Deutsche Mythologie*

1837 Ernst August wird König von Hannover; gegen seinen Verfassungsbruch protestieren die «Göttinger Sieben»; die Brüder Grimm werden aus dem

1837 Ernst August II. wird König von Hannover; gegen seinen Verfassungsbruch protestieren die «Göttinger Sieben»; die Brüder Grimm werden aus dem Staatsdienst entlassen; Jacob wird des Landes verwiesen und zieht wieder nach Kassel

1838 Jacob reist nach Franken und Sachsen; Wilhelm geht mit seiner Familie ebenfalls nach Kassel zurück; Plan zum *Deutschen Wörterbuch*

1840 Jacob Grimm: *Weistümer, 1. und 2. Teil*
Die Brüder Grimm erhalten einen Ruf nach Berlin

1841 Jacob und Wilhelm ziehen nach Berlin; dort halten sie an der Universität ihre ersten Vorlesungen

1842 Jacob erhält den Orden Pour le mérite

1843 Jacobs italienische Reise

1844 Jacobs schwedische Reise

1846 Jacob leitet in Frankfurt a. M. die erste Germanistenversammlung

1847 Jacob leitet in Lübeck die zweite Germanistenversammlung

1848 Jacob Grimm: *Geschichte der deutschen Sprache*
Revolutionskämpfe; Jacob wird Abgeordneter im Frankfurter Parlament. Er zieht sich von der Lehre zurück, um nur noch der Forschung zu leben

1852 Auch Wilhelm gibt die Tätigkeit als Dozent auf und arbeitet wie Jacob nur noch als Forscher

1854 Jacob und Wilhelm Grimm: *Deutsches Wörterbuch, 1. Band*

1859 Wilhelms Tod am 16. Dezember

1860 *Deutsches Wörterbuch, 2. Band*

1862 *Deutsches Wörterbuch, 3. Band*

1863 Der Malerbruder Ludwig Emil stirbt am 4. April; Jacobs Tod am 20. September

ZEUGNISSE

CLEMENS BRENTANO

Ich habe hier zwei sehr liebe, liebe altdeutsche vertraute Freunde, Grimm genannt, welche ich früher für die alte Poesie interessiert hatte, und die ich nun nach zwei Jahre langem fleißigen, sehr konsequenten Studium so gelehrt und so reich an Notizen, Erfahrungen und den vielseitigsten Ansichten der ganzen romantischen Poesie wiedergefunden habe, daß ich bei ihrer Bescheidenheit über den Schatz, den sie besitzen, erschrocken bin. Sie wissen bei weitem mehr als Tieck von allen den Sachen, und ihre Frömmigkeit ist rührend, mit welcher sie sich alle die gedruckten alten Gedichte, die sie aus Armut nicht kaufen konnten ... und viele Manuskripte äußerst zierlich abgeschrieben haben.

An Achim von Arnim, 19. Oktober 1807

ACHIM VON ARNIM

Nach meiner Überzeugung gibt es unter allen, die sich jetzt in Deutschland um dessen ältere Literatur bekümmern, keinen, wie [Wilhelm] Grimm und seinen Bruder [Jacob], an Wahrheitsliebe, Gründlichkeit, Umfassung und Fleiß.

An Goethe, 19. November 1809

HEINRICH HEINE

Die gewissenhaften, fleißigen Nachforschungen dieser wackeren Gelehrten werde ich in den folgenden Blättern zuweilen benutzen. Unschätzbar ist das Verdienst dieser Männer um germanische Altertumskunde. Der einzige Jacob Grimm hat für Sprachwissenschaft mehr geleistet als Eure ganze französische Akademie seit Richelieu. Seine deutsche Grammatik ist ein kolossales Werk, ein gotischer Dom, worin alle germanischen Völker ihre Stimmen erheben, wie Riesenchöre, jedes in seinem Dialekte. Jacob Grimm hat vielleicht dem Teufel seine Seele verschrieben, damit er ihm die Materialien lieferte und ihm als Handlanger diente, bei diesem ungeheuren Sprachbauwerk. In der Tat, um diese Quadern von Gelehrsamkeit herbeizuschleppen, um aus diesen hunderttausend Zitaten einen Mörtel zu stampfen, dazu gehört mehr als ein Menschenleben und mehr als Menschengeduld.

«Elementargeister». 1837

EDUARD MÖRIKE

Vielleicht verschmähen die verehrten Deinigen die Grimmschen Volksmärchen nicht; ich gestehe, daß ich sie, als einen goldenen Schatz wahrhafter Poesie, zu meinen Lieblingsspeisen zähle.

An Karl Mörike, März 1842

Georg Waitz

Wenn Jacob sich in großartigen kühnen Konzeptionen erging, so war Wilhelm der Meister feiner, gleichmäßiger, sauberer Arbeit. Jener wagte wohl auch, was sich nicht behaupten ließ; dieser zog sich engere Grenzen, in denen er dann aber ganz zu Hause war. Sie waren nicht immer einer ganz mit dem andern zufrieden; aber sie förderten sich unablässig und erkannten sich in ihrer Eigentümlichkeit an.

«Zum Gedächtnis an J. Grimm». 1863

Rainer Maria Rilke

Dann habe ich in Paris etwas begonnen, was ich gerne fortsetzen würde: das Lesen in dem großen deutschen Wörterbuche der Gebrüder Grimm, daraus einem Schreibenden, wie mir schien, viel Zufluß und Belehrung kommen kann. Denn eigentlich müßte man doch alles, was in die Sprache einmal eingetreten ist und da ist, kennen und zu brauchen wissen, statt mit dem Zufallsvorrat, der gering genug ist und ohne Auswahl, auskommen zu wollen. Gut wäre es, führte solche Beschäftigung mich dann und wann zum Lesen eines mittelalterlichen Dichters; jene Gotik, die, bildend, so Unvergeßliches und Weites zu geben hatte, sollte sie nicht auch eine plastische Sprache gehabt und geschaffen haben, Worte wie Statuen und Zeilen wie Säulenreihen?

An Lou Andreas-Salomé, 12. Mai 1904

Hermann Hesse

Die Grimmschen Märchen. Die edle Treue, mit welcher sie redigiert sind, mögen wir ruhig ins Ehrenbuch der Deutschen schreiben. Aus dem Inhalt der Märchen selbst auf spezifisch deutsche Volkseigenschaften zu schließen, liegt nahe, geht aber nicht an. Gerade die Literatur der Märchen und Volkssagen weist uns, mit oft erschreckenden Übereinstimmungen, mächtig auf ein Überdimensionales, auf den Begriff der Menschheit.

«Deutsche Erzähler». 1915

Hugo von Hofmannsthal

War Jacob vielleicht der größere, so kann doch sein Lebenswerk nicht von dem des Bruders getrennt werden. Zu innig waren sie wie im Leben so in der Arbeit, ja im Erkennen und noch im Erahnen ineinander verflochten. So sei von ihnen als von Einem Mann die Rede, dem es gegeben war, ganz zu ahnen, was der Begriff «eines Volkes Sprache» umfängt, und der in einer reichen, strengen und glückhaften Lebensarbeit das, was diese Intuition in sich faßte, in gebundenen Massen auseinanderzulegen vermochte – was dann nichts weniger war als das ganze tiefere Dasein des Volkes, sein Bleibendes, Geistleibliches, wie es ja zu Tage tritt vor allem in der Sprache

selber und ihren Wandlungen . . . Hört man nur die Namen der Haupt-
werke nebeneinander nennen, so ist es für den, der sie kennt und weiß, welche Gewalt des Lebens in sie gezaubert ist, als hörte er, auf einer Ber-
gesklippe stehend, unter sich die Wasserfälle aus dem Innern des Urge-
steins mit herrlichem Rauschen zu Tal gehen.

«Deutsches Lesebuch». 1926

BIBLIOGRAPHIE

1. Die Hauptschriften der Brüder Grimm

a) Selbständig erschienene Arbeiten Jacob Grimms

Über den altdeutschen Meistergesang. Göttingen 1811
Irmenstraße und Irmensäule. Wien 1815
Silva de romances viejos. Wien 1815
Deutsche Grammatik. 1. Teil Göttingen 1819 – 2. Ausg. 1822; 3. Ausg. 1840 – Unveränderter Abdruck der 2. Ausg. 1852. – 2. Teil 1826 – Unveränderter Abdruck 1852. – 3. Teil 1831. – 4. Teil 1837
Hausbüchel für unser Lebenlang. Kassel 1820
Wuk Stephanowitsch: Kleine serbische Grammatik, verdeutscht. Leipzig und Berlin 1824
Zur Rezension der deutschen Grammatik, unwiderlegt herausgegeben. Kassel 1826
Deutsche Rechtsaltertümer. Göttingen 1828 – 2. Ausg. 1854
Hymnorum veteris ecclesiae XXVI interpretatio Theodisca nunc primum edita. Göttingen 1830
Reinhart Fuchs. Berlin 1834
Deutsche Mythologie. Göttingen 1835 – 2. Ausg. 1844 (2 Bde.) – 3. Ausg. 1854
Taciti Germania ed. Göttingen 1835
Über meine Entlassung. Basel 1838
Lateinische Gedichte des X. und XI. Jahrhunderts. (Hg. mit A. SCHMELLER.) Göttingen 1838
Sendschreiben an Karl Lachmann über Reinhart Fuchs. Berlin 1840
Weistümer. Teil 1. Göttingen 1840 – Teil 2. 1840 – Teil 3. 1842 – Teil 4. 1863 – Teil 5. 1866 – Teil 6. 1869 – Teil 7. 1878
Andreas und Elene. Gedicht [herausgegeben]. Kassel 1840
Frau Aventiure klopft an Beneckes Tür. Berlin 1842
Geschichte der deutschen Sprache. 2 Bde. Leipzig 1848 – 2. Aufl. 1853
Das Wort des Besitzes. Berlin 1850
Rede auf Wilhelm Grimm und Rede über das Alter. Hg. von HERMAN GRIMM. Berlin 1863 – 2. Abdruck 1864 – 3. Aufl. 1865
Kleinere Schriften. 8 Bde. Berlin 1864–1890 [Inhalt: Reden, Abhandlungen, Rezensionen, Aufsätze, Vorreden, Zeitgeschichtliches und Persönliches]
[Der 5. Band dieser «Kleineren Schriften» enthält ein ausführliches chronologisches Verzeichnis der Schriften Jacob Grimms.]

b) Selbständig erschienene Arbeiten Wilhelm Grimms

Altdänische Heldenlieder, Balladen und Märchen übersetzt. Heidelberg 1811
Drei altschottische Lieder in Original und Übersetzung. Heidelberg 1813
Über deutsche Runen. Göttingen 1821
Zur Literatur der Runen. Wien 1828
Grâve Ruodolf. Göttingen 1828 und 1844
Die deutsche Heldensage. Göttingen 1829 – 2. Ausg. 1867

De Hildebrando antiquissimi carminis teutonici fragmentum. Gottingae 1830
Vrîdankes Bescheidenheit. Göttingen 1834 – 2. Ausg. 1860
Der Rosengarten. Göttingen 1836
Ruolandes liet. Göttingen 1838
Wernher vom Niederrhein. Göttingen 1839
Konrads von Würzburg Goldene Schmiede. Berlin 1840
Konrads von Würzburg Silvester. Göttingen 1841
Über Freidank. 2. Nachtrag. Göttingen 1855
Kleinere Schriften. 4 Bde. Berlin 1881–1887
    [Inhalt: Aufsätze, Abhandlungen, Vorreden, Einleitungen, Vorlesungen, Re-
    den, Zeitgeschichtliches, Rezensionen]
    [Der 4. Band dieser «Kleineren Schriften» enthält ein ausführliches chronolo-
    gisches Verzeichnis der Schriften Wilhelm Grimms.]

c) Gemeinsame selbständig erschienene Arbeiten der Brüder Grimm

Kinder- und Hausmärchen. I. Bd. Berlin 1812. – II. Bd. 1815 – 2. Aufl. Teil 1 und
    2. 1819; Teil 3. 1822. – Bd. I und II. 3. Aufl. 1837 – 4. Aufl. 1840 – 5. Aufl.
    1843 – 6. Aufl. 1850 – 7. Aufl. 1857 – 8. Aufl. 1864 [Bis 1996: 21 Aufl.]
    Kleine Ausg. Berlin 1825 [Bis 1887: 36 Aufl.]
Die beiden ältesten deutschen Gedichte aus dem 8. Jahrhundert: Das Lied von
    Hildebrand und Hadubrand und das Wessobrunner Gebet, herausgegeben.
    Kassel 1812
Altdeutsche Wälder, herausgegeben. I. Bd. Kassel 1813. – II.–III. Bd. Frankfurt
    a. M. 1815 und 1816 [Darin auch zahlreiche Beiträge der Brüder Grimm.]
Der Arme Heinrich von Hartmann v. d. Aue, herausgegeben. Berlin 1815
Lieder der alten Edda, herausgegeben. Berlin 1815
Deutsche Sagen. Teil 1. Berlin 1816. – Teil 2. 1818 – 2. Aufl. 1865–1866
Irische Elfenmärchen. Leipzig 1826
Deutsches Wörterbuch. I. Bd.: A bis Biermolke. Leipzig 1854. – II. Bd.: Biermör-
    der bis D. 1860. – III. Bd.: E bis Forsche. 1862. – IV. Bd. 1. Abt. von J. Grimm,
    K. Weigand und R. Hildebrand: Forschel bis Gefolgsmann. 1878

2. Briefwechsel

a) Briefwechsel der Brüder Grimm

Briefe von Jacob und Wilhelm Grimm an Joseph Frh. v. Laßberg. In: Germania Bd.
    13. Wien 1868
Freundesbriefe von Wilhelm und Jacob Grimm. Hg. von ALEXANDER REIFFER-
    SCHEID. Heilbronn 1878
Briefwechsel des Freiherrn Karl Hartwig Gregor von Meusebach mit Jacob und
    Wilhelm Grimm. Hg. von CAMILLUS WENDELER. Heilbronn 1880
Briefwechsel zwischen Jacob und Wilhelm Grimm aus der Jugendzeit. Hg. von
    HERMAN GRIMM und GUSTAV HINRICHS. Weimar 1881–2. Aufl. besorgt von WIL-
    HELM SCHOOF. Weimar 1963

Briefwechsel der Gebrüder Grimm mit nordischen Gelehrten. Hg. von Ernst Schmidt. Berlin 1885

Briefwechsel zwischen Jacob und Wilhelm Grimm, Dahlmann und Gervinus. Hg. von Eduard Ippel. 2 Bde. Berlin 1885–1886

Briefe von Jacob und Wilhelm Grimm an August Stöber. Mitgeteilt von Ernst Martin. In: Anzeiger für deutsches Altertum Bd. 12 (1886), S. 107 f

Private und amtliche Beziehungen der Brüder Grimm zu Hessen. Zusammengestellt und erl. von E. Stengel

1. Bd.: Briefe der Brüder Grimm an hessische Freunde. Marburg 1886

2. Bd.: Aktenstücke über die Tätigkeit der Brüder Grimm im hessischen Staatsdienste. Marburg 1886

3. Bd.: Briefe der Brüder Grimm an Paul Wigand. Marburg 1910

Briefe von Jacob und Wilhelm Grimm an Adelbert v. Keller. Mitgeteilt von Philipp Strauch. In: Anzeiger für deutsches Altertum Bd. 14 (1888), S. 97 f

Briefe der Brüder Jacob und Wilhelm Grimm an Georg Friedrich Benecke aus den Jahren 1808–1829. Hg. von Wilhelm Müller. Göttingen 1889

Briefwechsel zwischen den Brüdern Grimm und Salomon Hirzel. Veröffentlicht von M. Lexer. In: Anzeiger für deutsches Altertum Bd. 16 (1890), S. 220 f; Bd. 17 (1891), S. 237 f

Sander, F.: Briefwechsel Friedrich Lückes mit den Brüdern Grimm. Hannover 1891

Briefe von Jacob und Wilhelm Grimm, Karl Lachmann, Creuzer und Joseph von Laßberg an F. J. Mone. Zum Abdruck gebracht vom Max von Waldberg. In: Neue Heidelberger Jahrbücher Bd. 7 (1897)

Schoof, Wilhelm: Briefwechsel der Brüder Grimm mit Ernst Otto v. d. Malsburg. Halle a. d. S. 1904

Briefe der Brüder Grimm. Gesammelt von Hans Gürtler, hg. von Albert Leitzmann. Jena 1923

Auszüge aus Briefen der Brüder Grimm an Salomon Hirzel. Aus Hans Gürtlers Nachlaß hg. von Albert Leitzmann. In: Zeitschrift für deutsche Philologie Bd. 50 (1926), S. 58 f, 241 f

Briefwechsel der Brüder Jacob und Wilhelm Grimm mit Karl Lachmann. Hg. von Albert Leitzmann. Mit einer Einleitung von Konrad Burdach. 2 Bde. Jena 1927

Briefwechsel der Brüder Grimm über Jacobs süddeutsche Reise. Veröffentlicht von Wilhelm Schoof. In: Beilage zur Nürnberger Zeitung «Die Heimat» 11 (1931)

Aus ungedruckten Briefen der Brüder Jacob, Wilhelm, Ferdinand, Ludwig Grimm von Raimund Pissin. In: Preußische Jahrbücher Bd. 234 (1933), H. 1, S. 69 f

Aus der Jugendzeit der Brüder Grimm nach ungedruckten Briefen. Zum 150. Geburtstag Jacob Grimms mitgeteilt von Wilhelm Schoof. In: Hanauisches Magazin, 13.–14. Jg., 1934/35

Briefe der Brüder Grimm an Savigny. Hg. in Verbindung mit Ingeborg Schnack von Wilhelm Schoof. Berlin 1953

Unbekannte Briefe der Brüder Grimm. In Verbindung mit Jörn Göres hg. von Wilhelm Schoof. Bonn 1960

Franz Pfeiffer und Karl Bartsch. Briefwechsel. Mit unveröffentlichten Briefen der Gebrüder Grimm. Hg. von Hans-Joachim Koppitz. Köln 1969

b) Briefwechsel von Jacob Grimm

Briefe Jacob Grimms an Franz Pfeiffer und Hoffmann von Fallersleben. In: Germania Bd. 1!. Wien 1866

Jacob Grimms Briefe an L. Uhland, K. A. Hahn, K. Frommann, Th. Vernaleken, K. J. Schröer und A. v. Ipolyi-Stummer. 1829–1859. In: Germania, Jg. XII. Wien 1867

Briefwechsel zwischen Jacob Grimm und Friedrich David Graeter aus den Jahren 1810–1813. Hg. von HERMANN FISCHER. Heilbronn 1877

Ein Brief Jacob Grimms an v. d. Hagen. Mitgeteilt von GUSTAV HINRICHS. In: Anzeiger für deutsches Altertum Bd. 7 (1881), S. 457 f

REIFFERSCHEID, ALEXANDER: Briefe Jacob Grimms an Tydeman. Heilbronn 1883

Jacob Grimm und Leonz Füglistaller. Hg. von ELIAS STEINMEYER. In: Anzeiger für deutsches Altertum Bd. 10 (1884), S. 145 f

H. W. Tydeman und Jacob Grimm. Hg. von ERNST MARTIN. In: Anzeiger für deutsches Altertum Bd. 10 (1884), S. 160 f

Briefe von Jacob Grimm an Karl Candidus. Mitgeteilt von ERNST MARTIN. In: Anzeiger für deutsches Altertum Bd. 12 (1886), S. 117 f

Zwei Briefe Jacob Grimms an Goldmann und Docen. Mitgeteilt von PHILIPP STRAUCH. In: Anzeiger für deutsches Altertum Bd. 14 (1888), S. 148 f

Briefwechsel von Jacob Grimm und Hoffmann von Fallersleben mit Hendrik van Wyn. Hg. von KARL THEODOR GAEDERTZ. Bremen 1888

Briefwechsel zwischen Jacob Grimm und Therese von Jakob. Hg. von REINHOLD STEIG. In: Preußische Jahrbücher Bd. 76 (1894), S. 345 f

Aus Jacob Grimms Briefwechsel mit slavischen Gelehrten. Mitgeteilt von AUGUST SAUER. In: Prager deutsche Studien 8 (1908)

Johann Kaspar Bluntschli. Briefwechsel mit Savigny, Niebuhr, Leopold Ranke, Jacob Grimm und Ferdinand Meyer. Hg. von WILHELM OECHSLI. Frauenfeld 1915

Briefwechsel zwischen Jacob Grimm und Karl Goedeke. Hg. von JOHANNES BOLTE. Berlin 1927

LEITZMANN, ALBERT: Briefe des Frh. Joseph von Laßberg an Jacob Grimm. Berlin 1931

Briefwechsel zwischen Jacob Grimm und dem Frh. vom Stein nach ungedruckten Briefen. Mitgeteilt von WILHELM SCHOOF. In: Preußische Jahrbücher. Berlin, Nov. 1934, S. 117 f

B. Kopitars Briefwechsel mit Jacob Grimm. Hg. von MAX VASMER. In: Abhandlungen der Preußischen Akademie der Wissenschaften, Jg. 1937. Phil.-hist. Klasse, Nr. 7. Berlin 1938

c) Briefwechsel von Wilhelm Grimm

Briefe von Wilhelm Grimm 1838–1857. In: Germania, Jg. XII. Wien 1867

Briefwechsel zwischen Lachmann und W. Grimm. Hg. von JULIUS ZACHER. In: Kuhns Zeitschrift für deutsche Philologie, 1870, S. 193 f

Ein Brief Wilhelm Grimms an Hammerstein. Mitgeteilt von OTTO FRANCKE. In: Anzeiger für deutsches Altertum Bd. 13 (1887), S. 189

Briefwechsel zwischen Jenny von Droste-Hülshoff und Wilhelm Grimm. Hg. von

Karl Schulte-Kemminghausen. Münster 1929
Wilhelm Grimm – Georg Schulze. Ein Briefwechsel aus der Frühzeit des deutschen Wörterbuchs von Otto Basler. In: Festschrift zum 60. Geburtstag von Suolahti. Annales Academiae scientiarum Fennicae, Abt. B, Bd. 30. Helsinki 1934

3. Schriften über die Brüder Grimm

a) Über die Brüder Grimm

Denhard, B.: Die Gebrüder Jacob und Wilhelm Grimm, ihr Leben und Wirken. Hanau 1860

Humboldt, Alexander von: Memoiren II. Teil. 1861 [Darin S. 367 f über Berufung der Brüder Grimm nach Berlin.]

Baudry, F.: Les frères Grimm. Paris 1864

Raumer, Rudolf von: Geschichte der germanischen Philologie. München 1870

Scherer, W.: Jacob und Wilhelm Grimm. In: Allgemeine Deutsche Biographie Bd. 9. Leipzig 1879

Schmidt, Julian: Die Brüder Grimm. In: Deutsche Rundschau, Jg. 7, H. 4, Berlin 1881, S. 112 f

Grimm, Herman: Die Brüder Grimm. In: Grimm, Fünfzehn Essays. 3. Folge. Gütersloh 1882

Duncker, Albert: Die Brüder Grimm. Kassel 1884

Bartsch, Karl: Die Brüder Grimm. Festrede. Frankfurt a. M. 1885

Schönbach, Anton E.: Die Brüder Grimm. Berlin 1885

Fischer, Hermann: Dahlmann und die Brüder Grimm. In: Zeitschrift für allgemeine Geschichte, 1886, S. 701 f

Labes, E.: Die bleibende Bedeutung der Brüder Grimm für die Bildung der deutschen Jugend, an den Märchen, Sagen, der Heldensage usw. dargelegt. In: Jahresbericht der höheren Schulen Rostocks. 1887

Steig, Reinhold: Goethe und die Brüder Grimm. Berlin 1892

Grimm, Herman: Die Brüder Grimm. Erinnerungen. Vorrede zur neuen Ausgabe der Kinder- und Hausmärchen. In: Deutsche Rundschau, Jg. XXI/1895, S. 85 f

Grimm, Herman: Die Brüder Grimm und die Kinder- und Hausmärchen. In: Grimm, Beiträge zur deutschen Culturgeschichte. Berlin 1897

Die Brüder Grimm. Ihr Leben und Wirken, dargestellt von Carl Franke. Dresden–Leipzig 1899

Steig, Reinhold: Achim von Arnim und Jacob und Wilhelm Grimm. Stuttgart 1904

Grimm, Ludwig Emil: Erinnerungen aus meinem Leben. Hg. von Adolf Stoll. Leipzig 1911

Steig, Reinhold: Clemens Brentano und die Brüder Grimm. Stuttgart–Berlin 1914

Daffis, Hans: Inventar der Grimmschränke in der Preuß. Staatsbibliothek. Leipzig 1923

Burdach, Konrad: Die Berufung der Brüder Grimm nach Berlin. In: Vossische Zeitung, Juni 1927 (Unterhaltungsbeilage Nr. 135)

Jacob und Wilhelm Grimm nach der Göttinger Amtsentsetzung. (Nach ungedruckten Briefen des Grimmschen Nachlasses.) Von WILHELM SCHOOF. In: Zeitschrift des Vereins für hessische Geschichte und Landeskunde Bd. 58 (1930)

SCHOOF, WILHELM: Zur Entstehungsgeschichte der Grimmschen Märchen. Frankfurt a. M. 1931 [Sonderabdruck aus den Hessischen Blättern für Volkskunde XXIX (1930)]

SCHOOF, WILHELM: Hanau und die Brüder Grimm. In: Hanauisches Magazin 2/3 (1932)

SCHOOF, WILHELM: Frankfurt und die Brüder Grimm. In: Didaskalia 1 f (1932)

SCHOOF, WILHELM: Der deutsche Gedanke bei den Brüdern Grimm. In: Der Türmer, 1933, S. 217 f

SCHOOF, WILHELM: Berlin und die Brüder Grimm. In: Zeitschrift des Vereins für die Geschichte Berlins 4 (1934), S. 81 f

SCHOOF, WILHELM: Heidelberg und die Brüder Grimm. In: Ekkhart. Jahrbuch für das Badener Land, 1934, S. 48 f

Aus der Jugendzeit der Brüder Grimm, nach ungedruckten Briefen zum 150. Geburtstag Jacob Grimms (4. Januar 1935). Mitgeteilt von WILHELM SCHOOF. In: Hanauer Magazin 11/12 (1934), S. 81 f; 1/2 (1935), S. 1 f

SCHOOF, WILHELM: Die Brüder Grimm in Berlin. In: Deutsche Allgemeine Zeitung, 3. Januar 1935

SCHOOF, WILHELM: Kritik um das Grimmsche Wörterbuch. In: Archiv für das Studium der neueren Sprachen Bd. 174 (1938), S. 145 f

GASS, KARL EUGEN: Die Idee der Volksdichtung und die Geschichtsphilosophie der Romantik. (Zur Interpretation des Briefwechsels zwischen den Brüdern Grimm und A. v. Arnim.) Wien 1940

Die Brüder Grimm. Ewiges Deutschland. Ihr Werk im Grundriß, hg. von WILL ERICH PEUCKERT. Stuttgart 1942

ZUCKMAYER, CARL: Die Brüder Grimm. Ein deutscher Beitrag zur Humanität. Frankfurt a. M. 1948

GRIMM, LUDWIG EMIL: Ein deutsches Bilderbuch. Hg. von WILHELM PRAESENT. Kassel 1950

GERSTNER, HERMANN: Die Brüder Grimm. Ihr Leben und Werk in Selbstzeugnissen, Briefen und Aufzeichnungen. Ebenhausen 1952

GERSTNER, HERMANN: Hundert Jahre Deutsches Wörterbuch der Brüder Grimm. In: Imprimatur, ein Jahrbuch für Bücherfreunde Bd. 12. München 1954/55

PRAESENT, WILHELM: Märchenhaus des deutschen Volkes. Aus der Kinderzeit der Brüder Grimm. Kassel 1957

SCHOOF, WILHELM: Zur Entstehungsgeschichte der Grimmschen Märchen. Hamburg 1959

Die Brüder Grimm – vom Spessart aus gesehen. In: Spessart, 1959

DENECKE, LUDWIG: Katalog der Ausstellung des Brüder-Grimm-Museums in der Murhardschen Bibliothek der Stadt Kassel und Landesbibliothek. 1. Ausg. Kassel 1960 – 2. Ausg. 1965

GERSTNER, HERMANN: Die Brüder Grimm im Reich der Poesie und Sprache. Murnau 1961

GERSTNER, HERMANN: Über die Deutschen Sagen der Brüder Grimm. In: Brüder Grimm, Deutsche Sagen. Hg. von HERMANN GERSTNER. Stuttgart 1961

GERSTNER, HERMANN: Über die Kinder- und Hausmärchen der Brüder Grimm. In: Brüder Grimm, Kinder- und Hausmärchen. Stuttgart 1961

GERSTNER, HERMANN: Die Märchenbrüder. In: Jugend der Welt. Murnau 1961

GERSTNER, HERMANN: Steinau–die Märchenstadt der Brüder Grimm. In: Ins Land der Franken fahren. Ein Heimatbuch. 5. Bd. Würzburg 1961/62

DIELMANN, KARL: Märchenillustrationen von Ludwig Emil Grimm. In: Hanauer Geschichtsblätter 18 (1962)

SCHULTE-KEMMINGHAUSEN, KARL, und LUDWIG DENECKE: Die Brüder Grimm in Bildern ihrer Zeit. Kassel 1963

Brüder Grimm Gedenken. Gedenkschrift zur 100. Wiederkehr des Todestages von Jacob Grimm. Mit GERHARD HEILFURTH hg. von LUDWIG DENECKE und INA-MARIA GREVERUS. Marburg 1963

Jacob Grimm. Zur 100. Wiederkehr seines Todestages. Festschrift hg. von WILHELM FRAENGER und WOLFGANG STEINITZ. Berlin 1963 [Auch in: Deutsches Jahrbuch für Volkskunde Bd. 9]

VOGEL, HANS: Ludwig Emil Grimm. Handzeichnungen, Aquarelle, Ölbilder und Radierungen aus dem Historischen Museum Hanau. Ausstellungskatalog. Hanau 1963

GERSTNER, HERMANN: Deutsche Künstler illustrieren Märchenbücher. In: Imprimatur, ein Jahrbuch für Bücherfreunde, N. F. Bd. 4. Frankfurt a. M. 1963/64

LÖSCHBURG, WINFRIED: Es begann in Göttingen. Berlin 1964

SCHOOF, WILHELM: Die Brüder Grimm in Berlin. Berlin 1964

NAUMANN, FRIEDRICH: Brüder Grimm. In: Neue Deutsche Biographie Bd. 7. Berlin 1966

LEMMER, MANFRED: Die Brüder Grimm. Leipzig 1967

TAKAHASHI, KENJI: Die Brüder Grimm [japanisch]. Tokio 1968

MICHAELIS-JENA, RUTH: The Brothers Grimm. London 1970

GERSTNER, HERMANN: Die Brüder Grimm. Biographie. Gerabronn–Crailsheim 1970

PEPPARD, MURRAY B.: Paths through the forest. A biography of the Brothers Grimm. New York 1971

DENECKE, LUDWIG: Jacob Grimm und sein Bruder Wilhelm. Stuttgart 1971

b) Über Jacob Grimm

WAITZ, GEORG: Zum Gedächtnis an Jacob Grimm. Göttingen 1863

AUERBACH, BERTHOLD: Jacob Grimm. In: Deutsche Blätter, Okt. 1863 – Wiederabdruck in: AUERBACH, Deutsche Abende. Stuttgart 1867. S. 185 f

ANDRESEN, KARL GUSTAV: Über die Sprache J. Grimms. Leipzig 1869

GOEDEKE, KARL: Jacob Grimm. In: Göttinger Professoren. Acht Vorträge. Gotha 1872

FRENSDORFF, F.: Jacob Grimm in Göttingen. In: Nachrichten der Gesellschaft der Wissenschaften und der Universität Göttingen. 1885

SCHERER, WILHELM: Jacob Grimm. Berlin 1885

BERNDT, MORITZ: Jacob Grimms Leben und Werke. Halle a. d. S. 1885

BERNAYS, MICHAEL: Zur Kenntnis Jacob Grimms. In: Beilage zur Allgemeinen Zeitung (München) 55–58 (1891)

HÜBNER, RUDOLF: Jacob Grimm und das deutsche Recht. Göttingen 1895

STEIG, REINHOLD: Jacob Grimms Deutsche Grammatik im Urteil seiner Freunde. In: Nationalzeitung (Berlin), März 1904

Kabilinski, Fritz: Jacob Grimm als Romanist. Gleiwitz 1914 [Diss.]

Matthias, Theodor: Der deutsche Gedanke bei Jacob Grimm. In Grimms eigenen Worten dargestellt. Leipzig 1915

Simon, Ernst: Zu Jacob Grimms Sprache, Stil und Persönlichkeit. In: Deutsche Vierteljahrsschrift für Literaturwissenschaft und Geistesgeschichte, Jg. 7/1929, S. 515 f

Schoof, Wilhelm: Jacob Grimm als Mitglied der Nationalversammlung. In: Deutsche Rundschau, Aug. 1931, S. 126 f

Hübner, Arthur: Jacob Grimm. In: Sitzungsberichte der Preuß. Akademie der Wissenschaften. Berlin 1935 [Festvortrag vom 4. Januar 1935]

Rassem, M.: Aus den Schriften von Jacob Grimm. Regensburg 1948

Jacob Grimms Reise ins Frankenland 1838. Nach unveröffentlichten Briefen von Wilhelm Schoof. In: Die Mainlande. Beilage zur «Mainpost» (Würzburg) 4/5 (1952)

Jacob Grimm. Sprache – Wissenschaft – Leben. Hg. von Hermann Gerstner. Stuttgart 1956

Schoof, Wilhelm: Jacob Grimm. Aus seinem Leben. Bonn 1961

Gerstner, Hermann: Unverwelkter Lorbeer. Zum 100. Todestag von Jacob Grimm. In: Imprimatur, ein Jahrbuch für Bücherfreunde, N. F. Bd. 3. Frankfurt a. M. 1961/62

Gerstner, Hermann: Jacob Grimm. Zu seinem 100. Todestag. In: Gehört – gelesen. München 1963

Ginschel, Gunhild: Der junge Jacob Grimm. Berlin 1967

Kolb, Herbert: Karl Marx und Jacob Grimm. In: Archiv für das Studium der neueren Sprachen und Literaturen Bd. 206 (1970)

Feldmann, Roland: Jacob Grimm und die Politik. Kassel 1970

c) Über Wilhelm Grimm

Grimm, Herman: Nachruf auf Wilhelm Grimm. In: Vossische Zeitung. 24. Dezember 1859

Schoof, Wilhelm: Beziehungen Wilhelm Grimms zur Familie Schwertzell. In: Zeitschrift für hessische Geschichte und Landeskunde Bd. 57 (1929), S. 225 f

Schoof, Wilhelm: Wilhelmine v. Schwertzell, die Jugendfreundin Wilhelm Grimms. In: Kasseler Post 223 f (1929)

Schoof, Wilhelm: Wilhelm Grimm und Jenny v. Droste-Hülshoff. In: Hessenland, Jg. 41/1930, S. 309 f, 328 f

Schoof, Wilhelm: Beziehungen Wilhelm Grimms zu seiner Vaterstadt Hanau. In: Hanauisches Magazin, Jg. 15/1936, Nr. 1/2, S. 1 f

Gerstner, Hermann: Auf der Suche nach dem poetischen Paradies. Zum 100. Todestage von Wilhelm Grimm. In: Imprimatur, ein Jahrbuch für Bücherfreunde, N. F. Bd. 2. Frankfurt a. M. 1958/60

Gerstner, Hermann: Es war einmal. Zum 100. Todestag von Wilhelm Grimm. In: Gehört – gelesen. München 1959

Neumann, Eduard: Wilhelm Grimm. Berlin 1959

Schoof, Wilhelm: Wilhelm Grimm. Aus seinem Leben. Bonn 1960

4. Zeugnisse

Waitz, Georg: Zum Gedächtnis an Jacob Grimm. Göttingen 1863 – Wiederabdruck in: Abhandlungen der Gesellschaft der Wissenschaften Göttingen Bd. 11 (1864)

Scherer, Wilhelm: Jacob Grimm. 2. Aufl. Berlin 1885

Steig, Reinhold: Goethe und die Brüder Grimm. Berlin 1892

Grimm, Herman: Beiträge zur deutschen Culturgeschichte. Berlin 1897

Steig, Reinhold: Achim von Arnim und Jacob und Wilhelm Grimm. Stuttgart 1904

Heine, Heinrich: Sämtliche Werke Bd. 7. Leipzig 1910

Steig, Reinhold: Clemens Brentano und die Brüder Grimm. Stuttgart–Berlin 1914

Hofmannsthal, Hugo von: Deutsches Lesebuch. 2. Aufl. München 1926

Rilke, Rainer Maria: Briefe aus den Jahren 1902–1906. Hg. von Ruth Sieber-Rilke und Carl Sieber. Leipzig 1929

Marx, Karl, und Friedrich Engels: Briefwechsel. Zürich 1935 f

Jean Paul: Sämtliche Werke. Historisch-kritische Ausgabe 1. Abt. Bd. 16. Weimar 1938

Hübner, Arthur: Kleine Schriften zur deutschen Philologie. Berlin 1940

Zuckmayer, Carl: Die Brüder Grimm. Ein deutscher Beitrag zur Humanität. Frankfurt a. M. 1948

Die Großen Deutschen Bd. 3. Berlin 1956

Mörike, Eduard: Sämtliche Werke Bd. 3: Briefe. Stuttgart 1959

Neumann, Werner, und Burkhard Löther: Gedanken zur Ehrung Jacob Grimms 1963. In: Weimarer Beiträge. Zeitschrift für Literaturwissenschaft, Jg. 9–10/1963/64

Hesse, Hermann: Gesammelte Werke Bd. 11. Frankfurt a. M. 1970

Vgl. zur Grimm-Literatur auch: Karl Goedeke, Grundriß zur Geschichte der deutschen Dichtung. 2. Aufl. Bd. 6. Leipzig–Dresden–Berlin 1898. S. 350 f; Josef Korner, Bibliographisches Handbuch des deutschen Schrifttums. 3. Aufl. Bern 1949. S. 338 f; Friedrich Stroh, Handbuch der germanischen Philologie. Berlin 1952. S. 59 f; Ludwig Denecke, Jacob Grimm und sein Bruder Wilhelm. Stuttgart 1971.

Der Bibliographie liegt das Literaturverzeichnis der Biographie von Hermann Gerstner: «Die Brüder Grimm». Gerabronn–Crailsheim (Hohenloher Druck- und Verlagshaus) 1970, mit Genehmigung des genannten Verlages zugrunde.

Die kursiv gesetzten Zahlen bezeichnen die Abbildungen

Adelung, Johann Christoph 63, 90
Aischylos 29
Alberus, Erasmus 90
Albrecht, Wilhelm Eduard 71, 83, *84*
Aristophanes 29
Aristoteles 29
Arndt, Ernst Moritz 30, 93
Arnim, Achim von 18, 20, 30, 32, 35,
    38, 39, 41, 42, 43, 62, 64, 67, 79,
    90, 125, *28*
Arnim, Bettina von 13, 30, 39, 60, 79,
    93, 95, 125, *42*
Arnim, Gisela von 125
Auguste, Kurfürstin von Hessen-Kas-
    sel 57, 91, 93

Barbarossa, Kaiser s. u. Friedrich I.
    Barbarossa, Kaiser
Beauharnais, Joséphine, Vicomtesse de
    14
Benecke, George Friedrich 24, 60, 63,
    69, 73
Blume, Friedrich 71
Bodmer, Johann Jakob 13, 28
Bopp, Franz 74
Böttner, Maria 85
Brentano, Bettina s. u. Bettina von
    Arnim
Brentano, Clemens 13, 18, 20, 30, 32,
    38, 39, 49, *27*
Brentano, Kunigunde s. u. Kunigun-
    de von Savigny

Calderón de la Barca, Pedro 30
Campe, Joachim Heinrich 90
Cervantes Saavedra, Miguel de 30
Chamisso, Adelbert von (Louis Char-
    les Adélaide de Chamisso de Bon-
    court) 30
Cicero, Marcus Tullius 29
Clajus, Johannes 90
Corneille, Pierre 15, 30
Cruikshank, George 43

Dahlmann, Friedrich Christoph 70,
    83, 85, 90, 93, 105, *75, 84*
Dante Alighieri 30
Diderot, Denis 30
Dobrovský, Josef 29
Docen, Bernhard Joseph 31
Döderlein, Ludwig 105
Droste-Hülshoff, Annette von 40
Droste-Hülshoff, Jenny von s. u. Ma-
    ria Anna (Jenny) von Droste-Hüls-
    hoff
Droste-Hülshoff, Maria Anna (Jenny)
    von 40, 49, 58, 72, *44*

Eichhorn, Johann Albrecht Friedrich
    93, 95
Ernst August II., König von Hanno-
    ver 82 f, *82*
Ewald, Heinrich 71, 83, *84*

Fichte, Johann Gottlieb 30
Fischart, Johann 30
Fouqué, Friedrich Baron de La Motte-
    F. 30
Franz I., Kaiser von Österreich 17
Frauenlob s. u. Heinrich von Meißen
Freidank 76, 79, 99
Freytag, Gustav 100
Friedrich I. Barbarossa, Kaiser 67
Friedrich II., Kaiser 79
Friedrich Wilhelm II., König von
    Preußen 57
Friedrich Wilhelm III., König von
    Preußen 93
Friedrich Wilhelm IV., König von
    Preußen 93, *94*
Frommann, Friedrich Johannes 105

Geiler von Kaysersberg, Johannes 29
Gervinus, Georg 71, 83, 85, 91, *84*
Goedeke, Karl 75, 93
Goethe, Johann Wolfgang von 13,
    20 f, 30, 32, 35, 41, 43, 72, 91, 116,
    117, *30*

Görres, Joseph von 24, 30
Göschen, Johann Friedrich Ludwig 71
Gottfried von Straßburg 29
Götze, Alfred 129
Graeter, Friedrich David 34
Grimm, Auguste 69, 100, 126, *112*
Grimm, Dorothea 7, 8, 10 f, 15, 16, 18, 57, 58, 69, *8, 25*
Grimm, Ferdinand 7, 114
Grimm, Henriette Dorothea (Dortchen) 39, 58 f, 60, 69, 76, 86, 87, 100, 103, 104, 114, 125, 126, 129, *59, 113*
Grimm, Herman 59 f, 69, 100, 114, 125, *112*
Grimm, Jacob 58
Grimm, Karl 7, 114
Grimm, Lotte 7, 57 f, 72, 76 f, *33, 56*
Grimm, Ludwig Emil 7, 40, 43, 58, 85, 86, 114, 128, *48*
Grimm, Rudolf 69, 100, 114, *112*
Grimm, Philipp Wilhelm 7 f, 13, *8*
Grimmelshausen, Hans Jakob Christoph von 20, 30
Gryphius, Andreas (Andreas Greif) 30
Gustav I. Wasa, König von Schweden 106
Gustav II. Adolf, König von Schweden 106
Gutzkow, Karl 88

Hagen, Friedrich Heinrich von der 20, 31
Hardenberg, Karl August Fürst von 24
Hartmann von Aue 29, 34, 99
Hassenpflug, Agnes 58 f
Hassenpflug, Amalie 39
Hassenpflug, Hans Daniel 57, 72
Hassenpflug, Jeannette 39
Haupt, Moritz 90
Haxthausen, Anna von 40
Haxthausen, August Freiherr von 39, 40, 48
Haxthausen, Ferdinandine von 40
Haxthausen, Ludowine von 40
Haxthausen, Sophie von 40
Haxthausen, Werner von 40
Hebel, Johann Peter 30

Heine, Heinrich 78
Heinrich von Meißen 29
Heinse, Wilhelm 30
Herder, Johann Gottfried von 30, 38, 63, 90
Herodot 29
Heyne, Moriz 129
Hildebrand, Rudolf 129
Hirzel, Salomon 90, 121, 126, 129
Hitzig, Julius Eduard 20
Hoffmann von Fallersleben, August Heinrich 74
Hölty, Ludwig Christoph Heinrich 90
Homer 35
Homeyer, Karl Gustav 95
Horaz (Quintus Horatius Flaccus) 29
Hübner, Arthur 129
Hugo, Gustav 71
Humboldt, Alexander von 93, 95
Humboldt, Wilhelm von 24, 64
Hutten, Ulrich von 126

Jean Paul (Johann Paul Friedrich Richter) 30, 78
Jérôme, König von Westfalen (Jérôme Bonaparte) 17 f, 21, *21*
Jordis, Ludowika 39
Jornandes (Jordanes) 49, 68

Karadžić, Vuk Stefanović 67
Karl I. der Große, Kaiser 49, 89
Karl XII., König von Schweden 106
Keller, Adelbert von 120
Keller, Dorotheus Ludwig Graf von 24
Kleist, Heinrich von 30
Klinger, Friedrich Maximilian von 30
Klopstock, Friedrich Gottlieb 28, 30, 63, 90
Konrad der Pfaffe 89
Konrad von Würzburg 29, 90, 100
Kopitar, Bartholomäus Jernej 72, 74
Kotzebue, August von 30
Krause, Johann Friedrich 39

Lachmann, Karl 60, 63, 74, 93, 114, *88*
La Fontaine, Jean de 30
Laßberg, Joseph Freiherr von 72, 74, 85, 104

Laube, Heinrich 88
Leibniz, Gottfried Wilhelm Freiherr von 90
Lenhard, Frau 39
Lessing, Gotthold Ephraim 28, 90
Lexer, Matthias von 129
Louis-Philippe, König der Franzosen 69
Lücke, Friedrich 71
Luther, Martin 49, 90, 91

Malsburg, Ernst Otto von der 13
Mannel, Friederike 39
Metternich, Klemens Wenzel Nepomuk Lothar Fürst von 24
Meusebach, Karl Hartwig Gregor Freiherr von 58, 61, 93
Molière (Jean-Baptiste Poquelin) 30
Mone, Franz Josef 74
Möser, Justus 90
Müller, Johannes von 18
Müller, Karl Otfried 71
Müller, Marie 39
Musäus, Johann Karl August 38

Napoleon I., Kaiser der Franzosen 14, 17, 20, 24, 39
Neidhart von Reuenthal 29
Nepos, Cornelius 30
Nicolai, Christoph Friedrich 90
Nitzsch, Karl Immanuel 129
Novalis (Georg Philipp Friedrich von Hardenberg) 30
Nyerup, Rasmus 18

Oehlenschläger, Adam Gottlob 20, 60
Opitz, Martin 30
Ortlöpp, Emilie, Gräfin von Reichenbach 57
Oswald von Wolkenstein 29

Paulus Diaconus 49
Pertz, Georg Heinrich 93, 95
Petrarca, Francesco 30
Platen, August Graf von 117
Platon 30, 98

Racine, Jean 15, 30
Ranke, Leopold von 95

Rask, Rasmus Kristian 29, 64
Rauch, Christian Daniel 95
Raumer, Karl Georg von 105
Reichardt, Johann Friedrich 20
Reil, Johann Christian 19
Reimer, Georg Andreas 39
Reimer, Karl August 90
Reuß, Jeremias David 72
Richter, Ludwig 118
Richthofen, Karl von 95
Riemer, Friedrich Wilhelm 20
Roethe, Gustav 129
Rommel, Dietrich Christoph von 61
Rückert, Friedrich 30, 95

Savigny, Friedrich Karl von 13, 14 f, 18, 60, 93, 95, 108, *17*
Savigny, Kunigunde von 13, 109
Schelling, Friedrich Wilhelm Joseph von 95
Schenkendorf, Max von 30
Schiller, Friedrich 13, 30, 116
Schlegel, August Wilhelm 30 f, 60
Schlegel, Friedrich 31, 63
Schleiermacher, Friedrich Daniel Ernst 31
Schlemmer, Juliane Charlotte 7, 10
Schmeller, Johann Andreas 74, 89, 114
Schröder, Edward 129
Schwarz, Johann Karl Eduard 105
Scott, Sir Walter 30
Shakespeare, William 30, 96
Siebert, Ferdinand 39
Simrock, Karl 100, 118
Smidt, Johann 26
Stein, Karl Reichsfreiherr vom und zum 24, 69
Stöber, August 125
Stöhr, Dietmar 12
Strieder, Friedrich Wilhelm 24, 53

Tacitus, Cornelius 30, 49, 79, 97
Tasso, Torquato 30
Tauler, Johannes 29
Thukydides 30
Tieck, Ludwig 13, 31, 60, 96, *101*
Tydeman, Hendrik Willem 35

Uhland, Ludwig 28, 31, 87, 109, 118, 128, *34*
Ulrich von Türheim 29

Varnhagen von Ense, Karl August 31
Varnhagen von Ense, Rahel 31
Vergil (Publius Vergilius Maro) 30
Viehmann, Dorothea 40, *46*, *47*
Völkel, Johann Ludwig 24, 53, 55, 61
Voltaire (François-Marie Arouet) 30
Voß, Johann Heinrich 28, 30, 90

Wackernagel, Wilhelm 74
Waitz, Georg 112
Weber, Wilhelm Eduard 83, *84*
Weigand, Friedrich Ludwig Karl 124, 129
Werner, Zacharias 31
Wieland, Christoph Martin 30
Wigand, Paul 13, 24, 60
Wild, Dorothea Katharina 39
Wild, Gretchen 39
Wild, Henriette Dorothea (Dortchen)
s. u. Henriette Dorothea (Dortchen) Grimm
Wild, Rudolf 39
Wilhelm I., Kurfürst von Hessen-Kassel 17, 21, 57
Wilhelm II., Kurfürst von Hessen-Kassel 57, 61, 68
Wilhelm IV., König von Großbritannien und Irland und König von Hannover 82
Wilhelmine Karoline, Kurfürstin von Hessen-Kassel 17, 21, 57
Winckelmann, Johann Joachim 30
Wolfram von Eschenbach 29
Wuk Stephanowitsch s. u. Vuk Stefanović Karadžić
Wyttenbach, Johann Hugo 15

Zimmer, Dorothea s. u. Dorothea Grimm
Zimmer, Henriette 11, 15, 21, 26, *14*
Zimmer, Johann Hermann 7, 10
Zinckhan, Johann Georg 9, 11, *12*

ÜBER DEN AUTOR

In Würzburg geboren, verbrachte HERMANN GERSTNER seine Jugend an den Ufern des Mains. Nach dem Studium von Germanistik, Geschichte und Geographie arbeitete er in Berlin als Pädagoge und Theaterkritiker, dann als Bibliotheksrat an der Staatsbibliothek München. Von 1939 bis 1945 war er Soldat. Heute lebt und schreibt er in Grünwald bei München. Neben Romane und Erzählungen publizierte er Biographien über Franz von Assisi, Nansen, Uhland, Hufeland und seinem Würzburger Landsmann Max Dauthendey. Hermann Gerstner, dem seine Vaterstadt das «Goldene Stadtsiegel» verliehen hat, ist Präsident der Max-Dauthendey-Gesellschaft. Er hat mehrere Bücher und zahlreiche Einzelpublikationen den Brüdern Grimm gewidmet.

QUELLENNACHWEIS DER ABBILDUNGEN

rowohlts monographien

BEDEUTENDE PERSÖNLICHKEITEN
DARGESTELLT IN SELBSTZEUGNISSEN UND BILDDOKUMENTEN
HERAUSGEGEBEN VON KURT KUSENBERG

ANDERSEN / Erling Nielsen [5]

BAUDELAIRE / Pascal Pia [7]

BECKETT / Klaus Birkenhauer [176]

BENN / Walter Lennig [71]

BORCHERT / Peter Rühmkorf [58]

BRECHT / Marianne Kesting [37]

BÜCHNER / Ernst Johann [18]

WILHELM BUSCH / Joseph Kraus [163]

CAMUS / Morvan Lebesque [50]

CLAUDIUS / Peter Berglar [192]

DANTE / Kurt Leonhard [167]

DOSTOJEVSKIJ / Janko Lavrin [88]

DROSTE-HÜLSHOFF / Peter Berglar [130]

EICHENDORFF / Paul Stöcklein [84]

T. S. ELIOT / Johannes Kleinstück [119]

FALLADA / Jürgen Manthey [78]

FONTANE / Helmuth Nürnberger [145]

GIDE / Claude Martin [89]

GOETHE / Peter Boerner [100]

BRÜDER GRIMM / Hermann Gerstner [201]

HAUPTMANN / Kurt Lothar Tank [27]

HEBBEL / Hayo Matthiesen [160]

HEBEL / Uli Däster [195]

HEINE / Ludwig Marcuse [41]

HEMINGWAY / G.-A. Astre [73]

HESSE / Bernhard Zeller [85]

HÖLDERLIN / Ulrich Häussermann [53]

HOFMANNSTHAL / Werner Volke [127]

JOYCE / Jean Paris [40]

KAFKA / Klaus Wagenbach [91]

KELLER / Bernd Breitenbruch [136]

KLEIST / Curt Hohoff [1]

LESSING / Wolfgang Drews [75]

MAJAKOWSKI / Hugo Huppert [102]

HEINRICH MANN / Klaus Schröter [125]

THOMAS MANN / Klaus Schröter [93]

HENRY MILLER / Walter Schmiele [61]

MORGENSTERN / Martin Beheim-Schwarzbach [97]

MÖRIKE / Hans Egon Holthusen [175]

ROBERT MUSIL / Wilfried Berghahn [81]

NESTROY / Otto Basil [132]

NOVALIS / Gerhard Schulz [154]

RAABE / Hans Oppermann [165]

POE / Walter Lennig [32]

RILKE / Hans Egon Holthusen [22]

ERNST ROWOHLT / Paul Mayer [139]

SAINT-EXUPÉRY / Luc Estang [4]

SARTRE / Walter Biemel [87]

SCHILLER / Friedrich Burschell [14]

F. SCHLEGEL / Ernst Behler [123]

SHAKESPEARE / Jean Paris [2]

G. B. SHAW / Hermann Stresau [59]

STIFTER / Urban Roedl [86]

STORM / Hartmut Vinçon [186]

DYLAN THOMAS / Bill Read [143]

TRAKL / Otto Basil [106]

TUCHOLSKY / Klaus-Peter Schulz [31]

VALENTIN / Michael Schulte [144]

OSCAR WILDE / Peter Funke [148]

ENGELS / Helmut Hirsch [142]

GANDHI / Heimo Rau [172]

HEGEL / Franz Wiedmann [110]

HEIDEGGER / Walter Biemel [200]

HERDER / Friedr. W. Kantzenbach [164]

JASPERS / Hans Saner [169]

KANT / Uwe Schultz [101]

KIERKEGAARD / Peter P. Rohde [28]

GEORG LUKÁCS / Fritz J. Raddatz [193]

E/X

MARX / Werner Blumenberg [76]
NIETZSCHE / Ivo Frenzel [115]
PASCAL / Albert Béguin [26]
PLATON / Gottfried Martin [150]
ROUSSEAU / Georg Holmsten [191]
SCHLEIERMACHER / Friedrich Wilhelm Kantzenbach [126]
SCHOPENHAUER / Walter Abendroth [133]
SOKRATES / Gottfried Martin [128]
SPINOZA / Theun de Vries [171]
RUDOLF STEINER / J. Hemleben [79]
VOLTAIRE / Georg Holmsten [173]
SIMONE WEIL / A. Krogmann [166]

RELIGION

SRI AUROBINDO / Otto Wolff [121]
KARL BARTH / Karl Kupisch [174]
JAKOB BÖHME / Gerhard Wehr [179]
MARTIN BUBER / Gerhard Wehr [147]
BUDDHA / Maurice Percheron [12]
EVANGELIST JOHANNES / Johannes Hemleben [194]
FRANZ VON ASSISI / Ivan Gobry [16]
JESUS / David Flusser [140]
LUTHER / Hanns Lilje [98]
MÜNTZER / Gerhard Wehr [188]
PAULUS / Claude Tresmontant [23]
TEILHARD DE CHARDIN / Johannes Hemleben [116]

GESCHICHTE

ALEXANDER DER GROSSE / Gerhard Wirth [203]
BEBEL / Helmut Hirsch [196]
BISMARCK / Wilhelm Mommsen [122]
CAESAR / Hans Oppermann [135]
FRIEDRICH II. / Georg Holmsten [159]
GUTENBERG / Helmut Presser [134]
HO TSCHI MINH / Reinhold Neumann-Hoditz [182]
W. VON HUMBOLDT / Peter Berglar [161]
KARL DER GROSSE / Wolfgang Braunfels [187]
LENIN / Hermann Weber [168]
LUXEMBURG / Helmut Hirsch [158]
MAO TSE-TUNG / Tilemann Grimm [141]
NAPOLEON / André Maurois [112]

RATHENAU / Harry Wilde [180]
SCHUMACHER / H. G. Ritzel [184]
TITO / Gottfried Prunkl u. Axel Rühle [199]
TROTZKI / Harry Wilde [157]

PÄDAGOGIK

PESTALOZZI / Max Liedtke [138]

NATURWISSENSCHAFT

DARWIN / Johannes Hemleben [137]
EINSTEIN / Johannes Wickert [162]
GALILEI / Johannes Hemleben [156]
OTTO HAHN / Ernst H. Berninger [204]
A. VON HUMBOLDT / Adolf Meyer-Abich [131]
KEPLER / Johannes Hemleben [183]
MAX PLANCK / Armin Hermann [198]

MEDIZIN

ALFRED ADLER / Josef Rattner [189]
FREUD / Octave Mannoni [178]
C. G. JUNG / Gerhard Wehr [152]
PARACELSUS / Ernst Kaiser [149]

KUNST

DÜRER / Franz Winzinger [177]
MAX ERNST / Lothar Fischer [151]
KLEE / Carola Giedion-Welcker [52]
LEONARDO DA VINCI / Kenneth Clark [153]
PICASSO / Wilfried Wiegand [205]

MUSIK

BACH / Luc-André Marcel [83]
BEETHOVEN / F. Zobeley [103]
BRAHMS / Hans A. Neunzig [197]
BRUCKNER / Karl Grebe [190]
CHOPIN / Camille Bourniquel [25]
HÄNDEL / Richard Friedenthal [36]
LISZT / Everett Helm [185]
MAHLER / Wolfgang Schreiber [181]
MOZART / Aloys Greither [77]
OFFENBACH / Walter Jacob [155]
SCHÖNBERG / Eberhard Freitag [202]
SCHUMANN / André Boucourechliev [6]
R. STRAUSS / Walter Deppisch [146]
TELEMANN / Karl Grebe [170]
VERDI / Hans Kühner [64]
WAGNER / Hans Mayer [29]

klassiker · **ro ro ro** · Texte deutscher Literatur 1500-1800

Herausgegeben von Karl Otto Conrady

Schäferromane des Barock

Der Edition sind nach Möglichkeit Drucke der Zeit zugrunde gelegt, die kritisch durchgesehen worden sind. Über die Textgestaltung wird in jedem Band Rechenschaft gegeben. Wenn aus einem umfangreichen Werk nur eine Auswahl geboten wird, sind Auslassungen gekennzeichnet, und die Lesbarkeit ist durch eingefügte Erläuterungen des Herausgebers gewährleistet. Jedem Band ist ein Anhang beigegeben, der auch über die wichtigste Sekundärliteratur informiert.

Es liegen bereits vor:

W. H. Wackenroder, Schriften [506]

Deutsche Volksbücher [510]

Klopstock, Messias, Gedichte, Abhandlungen Hg.: Uwe-K. Ketelsen [512]

D. C. von Lohenstein, Cleopatra, Sophonisbe Hg.: Wilhelm Voßkamp [514]

Jung-Stilling, Lebensgeschichte [516]

Athenaeum, Eine Zeitschrift I u. II: 1798–1800 Hg.: Curt Grützmacher [518 u. 520]

Johann Gottfried Schnabel, Insel Felsenburg Hg.: Wilhelm Voßkamp [522]

Komödien des Barock. Hg.: Uwe-K. Ketelsen [524]

Flugschriften des Bauernkrieges Hg.: Klaus Kaczerowsky [526]

Jakob Michael Reinhold Lenz, Werke und Schriften. Hg.: Richard Daunicht [528]

Schäferromane des Barock. Hg.: Klaus Kaczerowsky [530]

Johann Christoph Gottsched, Schriften zu Theorie und Praxis aufklärender Literatur. Hg.: Uwe-K. Ketelsen [532]

Christoph Martin Wieland, Aufsätze zu Literatur und Politik. Hg.: Dieter Lohmeier [535]

Lyrik des Barock I. u. II. Hg.: Marian Szyrocki [538 u. 539]

Georg Christoph Lichtenberg, Vermächtnisse Hg.: Wolfgang Promies [541]

Johann Christoph Gottsched Schriften zu Theorie und Praxis aufklärender Literatur

Christoph Martin Wieland Aufsätze zu Literatur und Politik